Stick to 1921

坚守1921

驶向初心的平凡讲述

一句誓言，一生作答。
没有口号，只有行动。

蒋　殊　——　著

长江出版传媒|湖北人民出版社

图书在版编目(CIP)数据

坚守1921:驶向初心的平凡讲述 / 蒋殊著. — 武汉:湖北人民出版社, 2021.11

ISBN 978-7-216-10300-8

Ⅰ. ①坚… Ⅱ. ①蒋… Ⅲ. ①散文集 - 中国 - 当代 Ⅳ. ①I267

中国版本图书馆CIP数据核字(2021)第204654号

全程策划:榕行出版工作室
责任编辑:刘　佳
出版助理:刘　畅
封面设计:王明自　刘舒扬
责任校对:范承勇
责任印制:杨　锁

出版发行: 湖北人民出版社	**地址:** 武汉市雄楚大道268号
印刷: 湖北新华印务有限公司	**邮编:** 430070
开本: 880毫米×1230毫米 1/32	**印张:** 7.875
字数: 120千字	**插页:** 2
版次: 2021年11月第1版	**印次:** 2021年11月第1次印刷
书号: ISBN 978-7-216-10300-8	**定价:** 52.00元

本社网址：http://www.hbpp.com.cn
本社旗舰店：http://hbrmcbs.tmall.com
读者服务部电话：027-87679657
投诉举报电话：027-87679757

唯一的理由

（代序）

近几年书写中，没有哪一本书像这本书的诞生过程这么纠结。即便是在出版社已经确定并认同框架的一段时间里，我都觉得这样的书写是无意义的。

微信里往前翻，时间定格在2019年11月5日。那一天，“《再回1949》编辑群”正式更名为“《坚守1921》倒计时”。

还是同一个策划人，同一个项目负责人，同一个责编，同一个作者。《坚守1921》是最早拟定的书名，由《再回1949》延伸而来。彼时，《再回1949》刚刚与读者见面，出版社便快速确定了下一个选题，为庆祝即将到来的中国共产党诞生100周年。

简单的一个名称变更，却是一阵大的紧迫感。

一本书，如何呈现这样一个大主题？之前的《重回1937》与《再回1949》，采用的都是当事人讲述的方式。书中每一名讲述者，都是1937年与1949年的亲历者。尽管人数很少了，尽管他们听力下降，记忆力减退，但仍可以与我面对面沟通交流。他们朴素而真实的讲述，便是书中最动人的内涵。

《坚守1921》不同，即便是出生于1921年的人还活着，如今也已经一百岁了，何况是经历过1921年的人，哪里去找？

没有亲历者，如何延续这个主题，如何体现1921？也因此，对于这本书，始终无法动笔。其间，甚至几次试图撤销这个选题，然而出版社却始终坚持着。

中国共产党一路走过百年，艰辛与坎坷相伴，希望与火花迸发。回望总结征程路，才能策马再扬鞭。作为出版社与出版人，他们一定会承担这份担当与使命。

写作者，也如此。

书写，依旧以人物为主。

可是，什么样的人物，可以体现百年历程中这份坚守？

商定之后，大家意见还是一致的，那就是大征程中的小人物，大战争中的小战士，大改革中的小百姓。前进路上或许听不到他们的声音，但他们合起来却像一股洪流，有排山倒海的气势与力量。百年来，他们与中国共产党共沐风雨，同甘共苦。他们像一只只小小的萤火虫，星星点点，照亮前行路。

致敬平凡，便是致敬百年。

百年历程，人物年龄自然要实现百年跨越。他们平凡而伟大的事迹在百年间接力传承，便是党性最光辉的时刻。

人物的身份，依旧延续我一贯的关注风格，不唯名家，哪怕对方是一名清洁工，只要他在本职岗位恪尽一名共产党员的职守，便足以担得起党员先锋与楷模这一荣誉。

他们是一群平凡人物，然而须涵盖几条线，一条是时间，从 1921 年延伸至 2021 年；一条是空间，不同行业不同领域；一条是事件，所有人都应是建党、抗日战争、解放战争、抗美援朝、改革开放、脱贫攻坚、抗击疫情等中国共产党百年历程中重大事件的参与者与推动者。

几条标准下来，人物脉络渐渐清晰，每个人都不单单是他们自己，而成为一个时代的化身。

寻访与选择，要花很大精力与心思，但选择的过程却惊喜且感动。当一个个主人公，或伤痕累累，或一身泥巴，或欢快，或腼腆出现在面前，他们身上那份熠熠生辉的光芒一点点增添着我的书写自信。

他们当中，有些是读者耳熟能详的名人，但大多是各个领域的普通劳动者。不同的是身份，相同的是品格；不同的是年龄，相同的是一脉传承的坚守。

很快，一批代表人物走向我，接力诉说。

我的手边，也早早放了几本书，《苦难辉煌》《中国共产党的九十年》等党史著作。很少用笔的我，也重新喜欢上在纸上书写。那些字句，又苦涩，又充满激情；又艰难，又具有力量。正如金一南教授所言，中国革命从来不是一场被看好的革命，中国共产党也从来不是一个被看好的政党。可是，近代以来，没有哪一个政治团体像中国共产党这样，拥有如此众多为了胸中的主义和心中的理想抛头颅洒热血、前赴后继、义无反顾、舍生忘死的奋斗者。

一天天过去，查看我的一页页笔记，竟发现是本书的又一条线，点滴感悟串联起来，也是一条百年党史路。

而我的讲述者们，便成为这党史历程中一个个跃动的音符。他们铺陈在这宏大的叙事背景中，一段段谱写着百年乐章。

回顾百年，心潮澎湃。党的历程，苦难辉煌。当一批批共产党员在各自时代接力续写的华彩诗篇在眼前铺开，中国红色政权的密码也慢慢揭开。

高君宇来了，依旧着那袭蓝色长衫，儒雅的外形中裹着一颗坚定的心。当初，正是像他一样的中国共产党早期开创者，从北平出发，将党的火种播向全国各地，中国共产党的光明之路才顺利开启。很快，中国近代最大一场对外战争——抗日战争爆发，彼时无论是人数还是装备条件都不占优势的中国共产党，率先表明了抗日立场，迅速开辟了敌后战场。沁水河畔，沁源围困战打响了；浊漳河边，“反九路围攻”开始了。总指挥刘开基，战士李月胜，如千千万万抗日儿女一样，以各自的锋芒，亮剑了。

经过14年抗战锤炼，中国共产党队伍迅速壮大、成熟，越来越多的人紧紧跟随。共和国勋章获得者张富清，用解放战争时期的三枚军功章封存了历史，也亮出一个党员的闪光世界。当中国人民历经坎坷终于进入新中国时，美国政府却干起干涉朝鲜内战的事，并把战火烧到中朝边境。“国家主权不可受损，祖国领土不容侵犯!”一批中国青春男儿再次扛起枪炮，跨国出征，包括16岁少年刘兴华，在上甘岭高地，他用“我是黄河，向我开炮!”的宏大气概，固守了家国的完整。

改革的春风吹向华夏大地，草青了，花红了，赞美祖国山河的壮丽诗篇开始唱响。钢铁工人李双良，扛一把铁锹屹立改革开放潮头，以60岁的年龄拉开“愚公移山”新篇章，缔造出青山绿水的辉煌战绩。而趁着改革开放的春风用两年时间挣到百万家产的乡村妇女段爱平，却将所有的钱拿出来办学、筹建敬老院，又拖着大病身躯坚持二十多年扛起乡亲的期望，如主妇打理一个家一样，将一个贫困落后的乡村打理得光彩照人。

脱贫攻坚，救灾抗洪，全民抗疫，一场场战役接连打响，一句句“共产党员先上”的声音响彻耳旁。这其中，不乏80后、90后的青春身影，热血誓言。他们接过先辈手中的大旗，义无反顾，奔赴“战场”，打赢一场又一场漂亮的攻坚仗。

共产党员，到底是什么样？历史实践证明，共产党员就是那些平素或许不显山不露水，关键时刻总能发出“我先上！”声音的逆行者。

中华民族的复兴路上，文化力这杆大旗始终高扬。无论是从抗战年代走过的贺敬之夫妇，还是今天的徐本禹和张利华、吴仲宏、尹奇兵等年轻的教育工作者们，他们坚信文化力量，坚守文化阵地，甘愿独步崎岖路，以各自的方式铺设出一条不凡的文化路径，为时代前行及乡村振兴接力“铸魂”。

“我志愿加入中国共产党，拥护党的纲领，遵守党的章程，履行党员义务，执行党的决定，严守党的纪律，保守党的秘密，对党忠诚，积极工作，为共产主义奋斗终身，随时准备为党和人民牺牲一切，永不叛党。”

一句誓言，一生作答。没有口号，只有行动。

书中的每个人，犹如一粒粒微小的石子，却迸发出了巨大的力量，接力铺就了“红船之路”，最终汇集成一股强大的洪流，呈现出万丈光芒。一条路，由崎岖变平坦，由小径变大道；路上的人，由一人变无数，最终浩浩荡荡，携手行进春风里。

回首百年，正因有无数如他们一样的人一代代坚守，才使得今天的百年大党，坚如磐石，才有了今天的经济腾飞，以及实现“中国梦”的可能。

他们普通平凡，激情汇集，披荆斩棘，独领风骚，像一朵朵夺目的花儿，缀满一幅百年宏图。

他们，便成为唯一的书写理由。

contents

目录

预习笔记一

辛亥革命失败，军阀林立。内忧外患，风雨飘摇，山河破碎，百姓流离。救国之路，就此开启。

生死抉择之际，中国先进分子选择了马克思主义。

1920 年 8 月 13 日和 9 月 16 日，在法国勤工俭学的蔡和森给毛泽东写来两封信，研讨了组建共产党的问题，他率先提出了“先要组织党——共产党”这一建议，并说要“明目张胆正式成立一个中国共产党”。

随后，李大钊也主张将要成立的党组织定名为“共产党”，并于 1921 年 3 月著文，公开呼吁创建工人阶级政党。

1921 年 7 月 23 日，在上海法租界望志路 106 号（今兴业路 76 号）召开了中国共产党第一次全国代表大会。然而，会议期间，在楼下放风的社会主义青年团团员王会悟突然发现有密探闯入，会议被迫中止。在另选会议地点时，王会悟提出建议到她的家乡去，她说，离桐乡不远的嘉兴有个南湖，那个地方不像杭州那样惹人注目，且风景秀丽，可以租一只画舫，扮作逛西湖途经嘉兴的游客。

与会者采纳了她的建议，王会悟便负责安排具体事务，因此她成了南湖游船上中共一大会议召开时唯一一位非代表成员。她让船主把船撑到离烟雨楼东南方向200米左右比较僻静的水域，用篙插住，让代表们在中舱的客堂间里围坐在八仙桌前安心开会。她坐在船头望风放哨，一旦有别的游船靠近，就哼起嘉兴小调，手指敲着舱门打节拍，提醒代表们注意。为掩人耳目，她还特意准备了一副麻将牌，放在代表们开会的桌上。就连午餐预定的酒菜，她也是让船主用拖梢小船送至大船的。

就这样，在嘉兴南湖的游船上，毛泽东、董必武、何叔衡、陈潭秋等代表完成了一大的议程。下午6点多钟，会议结束，这一刻正式宣告了中国共产党成立。

红船，昂首起航。

行走山西

高君宇 中共党员，山西静乐人，1896年出生，1921年入党。五四运动中为北京大学学生会负责人。中国共产党早期革命理论家、活动家；中国社会主义青年团一届中央执行委员，中国共产党第二、三届中央委员；山西最早的共产党员，山西党、团组织创始人。

■ **党员有话说**

我是宝剑，

我是火花，

我愿生如闪电之耀亮，

我愿死如彗星之迅忽。

火种，从北平播向晋阳

高君宇或许想不到，7 岁那年他在自家打谷场“长工屋”听到“黄毛李鞑子”的故事，会是他 29 年短暂却血雨腥风革命生涯的启蒙。

那时候，他还不是高君宇，而是高尚德。

高尚德的骨子里，天然流淌的，或许就是革命的血、斗争的血、立志改天换地的血。生于望族的高尚德，从小聪慧过人，野性十足，对书本外的新知识、新思想，以及外面的世界充满渴求与向往。

“要让九州十八县的人民都富起来！”这是他少时就有的理想。年幼的高尚德，对身为同盟会会员的父亲高佩天的言行颇为关注，也是从父亲那里，他听到一些让他震惊的消息，比如辛亥革命，比如武昌起义，比如大清帝国的统治要结束了，比如中国2000多年的封建帝制政体要倒塌了，比如孙中山要建立民国了……

这些惊天动地的消息让他既震惊，又兴奋。对比当下百姓苦难的生活，他小小的内心生出大期待、大梦想，也立下大志向，那就是革命。于是，当剪辫子与放天足这些全新的社会风尚刚刚开始流行时，他紧随父亲，自己动手将脑后一条长长的“猪尾巴”剪去了。

在县学堂的十年学业结束后，高尚德向父亲提出继续深造的愿望。1912年，16岁的他如愿以优异的成绩考入位于太原文瀛湖畔的省立一中继续求学。

“尚德聪颖好学，识见不凡，日后必成大器。”这是语文老师石铭对他的评价。老师发现，高尚德不仅知识面广，而且善于将所学知识运用到日常生活中。他的身边，总是围着一群人，听他谈古论今，听他讲述电话、照相这些人们闻所未闻的新奇事。

高尚德的视线，总是扫向一般人不关注的外界。在省立一中求学的一年秋天，他见到革命先行者孙中山，并在笔记本上抄录下孙中山的演说词：“盖今是共和时代，与专制不同，从前皆依政府，今日所赖者国民。故今日责任，不在政府而在国民。必要我四万万同胞一齐努力，方可造成共和自由幸福……”

孙中山的演说，开启了高尚德对国家未来的希望，然而残酷的现实却无情打破了他刚刚升起的幻想。

1915 年，袁世凯悍然出卖国家主权，接受了日本提出的“二十一条”条约，这一消息传至山西，高尚德愤怒了。他联络了一群志趣相投的热血青年，冒着被开除学籍、报送当局惩处的风险，走上街头散发传单，发表演说，展开声势浩大的斗争。

黑暗的局势、严酷的现实，让才华横溢的高尚德无法专注学习。1916 年春天从省立一中毕业时，他在名为《各述尔志》的作文中，将祖国的沉沦、人民的苦难、不平与理想、希望与抱负，以饱含血泪与深情的文字铺陈于纸上。

而后他考取了中国最高学府——北京大学。他知道，只有掌握足够多的知识，只有开拓足够宽的视野，才能改变现实，才能救国。

那是最美的金秋时节，行走在京城街头，高尚德却始终被阴郁笼罩，眼前的一幕一幕，依旧与山西一样，充斥着苦难、血泪、腐败与不平等。

高尚德努力在黑暗中寻找着光明。因为命运的垂青，他遇到《青春》，遇到《新青年》，遇到李大钊，又遇到校长蔡元培。

犹如暗夜里突然亮起一束光，高尚德的眼前看到了希望。尽管长夜漫漫，尽管仍有迷茫，但他清晰地看到了前方的路。这一条路，弯弯曲曲，坎坎坷坷，布满荆棘，却神秘而诱人，闪耀着救国的光芒，令人向往。

可是，外交失败、巴黎和会拒绝取消“二十一条”的消息陆续传来。

失望，哭泣，愤怒的情绪层层撕扯着爱国青年们的心。

他咬破手指，写下血书：“还我青岛”。这字红得刺眼。

“……务望全国工商各界，一律起来设法开国民大会，外争主权，内除国贼，中国存亡，就在此一举了！……”

彼时，高尚德更是将一口殷红的鲜血，吐在这份传单上。

他病了。可是，他顾不得自己的身体。在这火热的风暴中，他早已将小小的身躯置之度外。何况，他青春的身体会有什么问题呢？

拖着随时咯血的身体，高尚德大声疾呼：纵然是死，我也要死在天安门前！

随后，他集结起北京学生队伍浩浩荡荡出发了。他们举着长长的白布横标，沿着北池子大街向着天安门进发。

最终，3000多名爱国学生在天安门广场汇成强大的洪流，合力发出江河般的咆哮：“取消二十一条！还我青岛！”

“卖国求荣，早知曹瞒遗种碑无字；倾心媚外，不期章惇余孽死有头。”一条醒目的白布黑字标语横幅，高高竖起在队伍前方，吸引着一个个路人，也感染着一批批群众，有老者现场看得热泪横流，连连感叹此乃“国之幸”！

学生们的示威路并不顺利，到日本使馆，被阻；递交意见书，拒收。失望加愤怒，让学生们转头如山洪般涌向外交部次长曹汝霖的家。

位于赵家楼的曹府大门紧锁，却终究抵不住强大洪流的冲击。揭瓦的，扔石头的，撞门的，破窗的……曹宅大门轰隆隆被冲开，继而火光冲天。

这一天，是1919年5月4日。一场大火，在至暗时刻闪耀京城。在五四运动中，学生们艰难地闯出一条通往春天的路。

5月5日，北京各大专学校学生同时罢课；5月6日，北京中等以上学校学生联合会宣告成立；5月19日，北京

26 所大、中学校的 25000 名学生联手罢课!

这场运动声势浩大，尽管当局不间断镇压，但直至 1920 年依然在持续。

罢课规模最大的一天，是 1920 年 1 月 31 日，当天有 7000 余名爱国学生齐聚京城，顶着风雪进行了长达三个小时的示威游行。然而，学生们面对的依然是军警的追击、暴打、抓捕。

直到 4 月 21 日，全国学生以总罢课相威胁，北洋政府才在无奈之下妥协，释放了被捕学生。

就在这个时候，高尚德决定改名。

均宇！他提起毛笔，将这两个字在一张稿纸上一挥而就。

均宇？有同学当即明白了他的用意：均分宇宙。那便是立意改造社会。可是，这个名字太显眼了。于是经过考虑，他同意用谐音：君宇。

高尚德从此成为高君宇。

1920 年 11 月的一个夜晚，新当选北京社会主义青年团书记的高君宇，与他的全体团员们会集在北大红楼一层图书馆主任李大钊的办公室，共同商讨怎样为一个月前成立的北京共产党小组增加新鲜血液。

彼时，继北京共产党小组之外，湖北武汉、湖南长沙、山东济南、广东广州都相继成立或开始组建共产党组织。会后不久，高君宇与邓中夏、何孟雄、缪伯英等人加入了北京共产党小组。

扛起一面大旗，高君宇回到太原。

这是1921年，春风拂面的四月天。

高君宇再次回到生养他的三晋大地，回到熟悉的省立一中。在此之前，他就曾帮助王振翼等进步青年创办《平民周刊》，还与部分青年一起成立了社会主义青年团。这次回来，他也真切感受到这座城市洋溢的青春的革命生机。这一次，高君宇主要针对无政府主义展开斗争，系统阐述了马克思主义原理，分析了共产主义与无政府主义的本质区别。高君宇一番激情四溢又客观深刻的演讲，为山西的爱国青年们纠正了方向，燃起了斗志。

春天的脚步似乎越来越近，风浪却越来越大。接下来的日子，高君宇在暴风雨中赴苏俄参加远东大会，到广州参加中国社会主义青年团第一次全国代表大会，接手《先驱》与《向导》的编辑工作，又赴杭州参加少年中国学会年会……拖着一副带病的身躯，他日夜奔赴在斗争的路上，执着宣传党的政治纲领，传播共产主义真理。

1923年2月1日，京汉铁路总工会成立大会在反动当局的百般恐吓与粗暴阻止中召开。之后，工会干部被捕，罢工工人被屠杀，反动当局制造了震惊国内的“二七”惨案。腥风血雨中，高君宇奔走，呼号，呐喊。

然而形势严峻，环境恶劣，白色恐怖越来越严重。在国共两党革命活动越来越高涨、民众运动越来越活跃之际，北京军警却策划了逮捕革命党人的阴谋。

那份黑名单上，高君宇三个字赫然在列。

关键之时，李大钊安排高君宇离京，回晋避难，但又交给他一项重大的任务，那就是在太原建党。

彼时，山西的共产主义启蒙运动已经搞得很有声色，太原建党条件已经成熟。这一重任让高君宇心头的愁云顿时散去，热血沸腾。就在他准备行装的一个夜里，北京军警迫不及待地动手了。毫无预兆的情况下，高君宇以他超常的冷静与机智，化装为伙夫逃过一劫。

由京返晋行至石家庄时，高君宇发病了，经医生诊断需住院治疗。然而他内心却有一股火焰在炙热地燃烧，因此只带了一些药便匆匆上路。

回到太原，高君宇悄然住进母校省立一中青年学会。此时他得知，之前创建的太原社会主义青年团，已经发展成组织领导山西青年运动与工人运动的先锋军，且由原来的一个团小组发展成几十个团支部、团小组。斗争范围也由之前的学校，扩展至工厂与矿山。

革命的火种，已经在并州大地扩散，铺开。

家乡的形势让高君宇无比欣慰与兴奋。他决定，从团组织骨干分子中发展共产党员，将太原的党组织建立在团组织基础之上。之后，他在共产党员李毓棠的协助下，摒弃偏见，广泛从进步青年中筛选考察，最终将侯士敏与潘恩博两名团员骨干吸收到中国共产党队伍中。

随后，高君宇召集李毓棠、侯士敏与潘恩博，在山西省立一中青年学会的屋子里举行了共产党太原小组成立会议。

那是一个肃穆却充满激情的时刻。四个人的会议，简单，却隆重、热烈，每个人心头都迸发着激情的火苗。

高君宇满怀豪情庄严地宣告：中国共产党太原小组正式成立了！

山西革命斗争主旋律的序曲，就此轰然奏响。

一桩使命完成，一桩又一桩使命又等着他去做。1925

年 3 月 2 日，高君宇正在北京大学参加旨在对抗段祺瑞“善后会议”的国民会议促成会全国代表大会，突然腹部剧烈疼痛。

强行坚持两天后，他被其他代表送回住处。之后，在他挚爱的女友石评梅的安排下，进入协和医院，被诊断为急性盲肠炎。

3 月 5 日，医生给高君宇做了手术。然而没想到的是，次日凌晨，他与世长辞，将火热的生命定格在 29 岁这一灿烂的青春年轮上。

> 我是宝剑，
> 我是火花，
> 我愿生如闪电之耀亮，
> 我愿死如彗星之迅忽。

正如高君宇自己说的，他的生命，像彗星一样迅忽陨落。而他闪电般耀亮的青春岁月，也如宝剑，如火花般，长久燃烧在中国大地上。

（本文参考书目为王庆华著《高君宇传》）

预习笔记二

星星之火，已经点燃。

大革命运动，声势浩大展开。

国共合作，高潮后破裂，大革命失败。

风雨飘摇。中国共产党人，继续艰难前行。

1935 年 4 月下旬，红军数万主力部队在完成四渡赤水后，转头北上，到达长江上游天堑金沙江准备渡江。然而，察觉到红军突围的敌人很快将金沙江两岸所有船只烧毁。紧急情况下，红军战士在群众的帮助下得到 7 只船，经过奋战北渡成功，彻底摆脱了敌人的围追堵截。

1937 年 7 月 7 日，卢沟桥事变爆发。中共中央于次日向全国发出抗日通电，提出全民族抗战。7 月 9

日，中国工农红军发出通电，请缨杀敌。

8月25日，中共中央军委发布命令，将红军正式改编为国民革命军第八路军（9月上旬改为国民革命军第十八集团军）；将红军前敌总指挥部改为八路军总指挥部，朱德任总指挥，彭德怀任副总指挥，叶剑英任参谋长，左权任副参谋长，任弼时任政治部主任，邓小平任政治部副主任。从此，“八路军”这个让日寇丧胆、令民众鼓舞的名字响彻中华大地。

刘开基 中共党员，山西沁源人，1912 年出生，1937 年入党。抗战时期任中共沁源县委书记、沁源对敌围困斗争指挥部政委。新中国成立后先后任中共山西省委常委、省人大常委会副主任、山西省副省长等职。

■ **党员有话说**

家园不能丢，党组织不能散，百姓的心不能失了坚定的方向。沁源这片土地，就是誓死不“维持”。胜利的旗帜，一定要插在太岳山上。

只为旗帜高高飘扬在太岳山上

1912年农历正月二十二，正值新春。一个婴儿在太岳山中的沁源县出生，让几代以放羊、劳作为生的雇农刘家无比开心，为他起名“新春仔”，希望这个春天里的新成员能给家庭带来好运。

他们不会想到，这片穷困的土地也不会知道，三十年后面对铁蹄入侵，这个啼哭声并无异样的“新春仔”，会成为这片土地上对敌斗争的领头人。

“新春仔”很快有了学名，叫刘开基。可是，靠给地主打工维生的家庭实在太穷了，以至于他的大哥、大弟、小弟分别在六七岁时因肺炎、天花等夭折，随后五妹也因病死去。刘开基成为刘家唯一幸存的儿子。父亲知道读书重要，无奈连肚子都填不饱的日子，哪里去找书的影子？让父亲没想到的是，极其聪明的刘开基竟会自己偷空跑到城东五龙庙一家私塾，主动帮先生干活。

贫苦人家的小孩，很快讨得先生欢喜。先生让他一边干些力所能及的杂事，一边旁听，度过关键的两年半识字生涯。

到了 10 岁，刘开基必须要开始劳作了。先是替家里卖豆芽，砍柴。14 岁起便外出到酒坊、粉坊干杂工。

贫困交加，跌跌撞撞，刘开基的个头却不矮。也因此，雇主经常把 14 岁的少年当成年人使唤，无论挑还是扛，一次就是 200 多斤重物。最累的时候，他挑完谷子又磨麦子、背粮食，最终从楼梯上摔下来受伤。地主家却以毁损了一袋粮食为由对他毒打和惩罚。

做泥瓦工、拉炭、送货、耕种，这样的日子一直持续到 20 岁。

1926 年，共产党领导的早期秘密革命活动在沁源悄然铺开。刘开基 15 岁那年，一个名为“平等”的新词汇突然出现在他的世界里，打开他的视野，让他瞬间产生了对“革命”的向往，而且“心情越来越强烈”。1930 年，沁源县共产党组织的奠基人之一、被沁源人民尊称为“董老人”

的李素卿，与中共地下党员宋乃德联合开办了农民夜校，一边教农民识字，一边启发农民的阶级觉悟，宣传马克思主义革命真理。本就识得一些字的刘开基，便成了夜校的忠实学员。

一粒火种，在他心田播下；一种信念，从他内心升起。

而他在赶车拉货途中结识的洪帮组织带头人、当地农民领袖朱秀芝，很快与他成为志同道合的挚友，进而成为抗日路上的生死搭档。

1937 年 8 月，沁源地下党以牺盟会的名义组建了第一支人民抗日武装，作为一名工作人员，刘开基在春节来临之际直接将“好男儿直赴前线，称好汉平灭日寇”的春联贴在家门上。

彼时，他这个家中唯一的儿子，将父母托付给堂弟，把身心完全交付给这片土地。好不容易回一趟家，竟是因为工作队缺粮而要向父亲讨要。为了扩大党的武装力量，他成功动员朱秀芝参加了抗日组织，并于 1938 年在沁源官军村胡家庙成立了“洪元抗日游击队”，队长就是朱秀芝。次年 2 月，又在原基础上组建了沁源县抗日游击大队，朱秀芝升任大队长，实现了全县武装斗争的统一领导。

1937 年 9 月，八路军向太岳山脉悄然挺进，这是党中央与毛泽东根据华北抗战局势变化作出的战略部署。随后，八路军一二九师地方工作团、山西青年抗战决死一纵队十二中队、民运工作队先后抵达沁源，发动群众创建了地方武装，成立了沁源县抗日游击团，打开了沁源抗日根据地新局面。

这一年 12 月，中共沁源县委恢复建立。当月，刘开基经沁源县宋保富介绍，加入中国共产党，被派往县三区（今王陶乡）任牺盟会协助员，从此走上专职革命道路。

然而，道路是曲折艰难的。抗日工作屡屡遭受到来自县公道团、旧县政府等多方面阻挠，有一次他甚至被一群地痞流氓扔进冰冷的沁河中。彼时正值冬日，寒风凛冽。刘开基忍着寒冷，在水中继续高呼“抗日救国”，大声斥责卖国求荣行为。

1938 年正月二十，正值新春佳节之际，日军在人们毫无心理准备的午后空袭沁源，县城立时陷入火海，一家正在营业的盐店当即就有 21 名店员与顾客被炸死，许多百姓被炸死、炸伤在家中或路上。4 月，日军对晋东南抗日根据地发起“九路围攻”，47 天空袭过后，西路日军第二十师团

2000余人的部队进入沁源，展开了七天七夜的疯狂袭击。

同年8月，刘开基受命担任沁源二区（今郭道镇）分委副书记。他不断在群众中宣传抗日救国主张，壮大抗日队伍，在他的带动下，无数青年积极投身抗日，加入八路军行列，这其中还包括原本打算投奔国民党的青年，以及年仅14岁的少女。

刘开基的追随者越来越多，队伍越来越壮大。

形势也越来越艰难。1939年7月3日，驻山西日军5万余人发起对晋东南的“一号作战”。8月7日，同蒲、白晋线日军第一〇八、一〇九师团，以及第九混成旅团四面合围沁源，妄图一举扑灭太岳区首脑机关及主力部队。八路军决死队一纵队一、三总队边掩护纵直机关与第三专署、上党银号转移，边与日军展开两天两夜的浴血奋战。这一过程中，决死队500余名抗日将士壮烈殉国。

秋风呜咽，万树齐哀。

1940年到1941年，敌后抗日进入最困难、最危险的时刻。彼时，沁源除太岳区党委，还聚集了山西第三专署白晋路西办事处、八路军主力三八六旅及总部特务团、山西新军二一三旅五十七团和汾城、襄陵自卫队，以及来自晋中、晋南的 13 个县级机关与地方干部。

彼时的沁源，堪称太岳区“小延安”。然而工作也进入前所未有的困难与转折期。

1940 年 1 月，刘开基担任中共沁源县委副书记（书记暂缺）兼县抗日游击大队政委。为支援抗战，壮大组织，他在全县掀起开荒及大生产运动。同时，他与朱秀芝一起带领民兵，积极配合八路军主力部队，粉碎了日军的一次次进攻。在 1940 年 8 月进行的“百团大战”中，沁源县委、县政府积极组织动员，2000 多名民兵与民工组成的担架及运输队随军奋战在一线，抗日游击大队与留守部队及民兵更是连续出击同蒲、白晋两线，阻击日军向正太路榆（社）辽（县）方向增援。

1941 年元旦这一天，为便于开展工作，太岳区党委与专署决定，以朱鹤岭为界，将沁源分设为沁源、绵上两个县治。由刘开基担任中共沁源县委书记。

受命于危难中，刘开基迅速着手展开反“扫荡”工作。

而受到重创的日军，也开始了疯狂大报复。

当时流传着一首民歌，记录了这段辛酸的历史：

一九四二年，
正值秋收天，
日本鬼子横行霸道进攻咱沁源，
又杀人又放火，真呀么真野蛮，
从此后沁源人民遭下了大难。
半夜就起身，
鸡叫就爬山，
沁源人都住进深山里面，
铺黄蒿盖百草冷水拌炒面，
多少人白天黑夜眼望着延安……

新中国成立后，张怀奇等人创作出《回延安》，真实再现了当时沁源百姓的生活。

1942 年 10 月中旬，日军开始秘密向沁源周边集结部队，陆续在同蒲、白晋铁路和临屯公路线上设立驻扎点，主力是其第三十六师团二二二联队斋藤、鹿野两个大队及六十九师团六十旅团伊藤大队。

他们磨刀霍霍。

他们发誓要血洗这片土地，征服这片土地上的人们。

六十九师团，是侵华日军的一支主力部队，代号为“胜”。伊藤大队下属四个步兵中队，一个炮兵中队，一个机枪中队，一个卫生队，一个工作队和一个苦力队。另有伪军一部，共 7000 余人。

种种迹象让沁源县反“扫荡”指挥部感受到，敌人这次来袭与以往不同，他们妄图配合政治上的怀柔，一步步蚕食太岳根据地。沁源，不得不做长期打算。

全民大转移。这个想法，不是从领导层脑子里莫名跳出来的。沁源县围困指挥部通过决策决定，将百姓与敌人隔离，是剥夺敌人主动权的完美开篇。

可是，即将入冬了，要舍弃热炕头，进入一座一无所有的深山？一些老者当下便老泪纵横。

动员工作，和风细雨地展开。党员出来了，干部出来了，民兵出来了，积极分子出来了。一家家走访，一户户动员。讲事实，摆道理。担心到外村无法安置的，把对方村干部请来动员；家里人力不足搬不走东西的，民兵顶上；无理由坚决不走的，动员明理的亲戚前来说服。

犹豫，矛盾，牢骚……一点点被化解，人们默默做起准备。

果然，10月20日，日军兵分七路，向沁源、绵上发起进攻。

夜里十点，刘开基接到各据点敌人已经向这里进发的紧急情报后，果断下令：“将县委机关与城关群众从城里转移出去!”

从城关开始，首脑机关、主力部队连同群众一起，连夜大转移!

敲锣，打钟，声声传递出不容迟疑的信号。

被窝里爬起来，挑灯坐起来，埋藏物品，烧光柴草，拔去磨芯，填掉水井，杀鸡宰羊。锅，碗，瓢，盆；米，面，菜，盐；铺盖衣物，甚至桌椅板凳，挑在男人肩头，挂在女人臂弯。孩子们懵懵懂懂，跌跌撞撞，跟着队伍向山中行进。

10月下旬的夜里，瑟瑟的冷风回荡在太岳山中。月光幽幽，洒在沁河两岸；星星点点，照在沟沟坎坎。人群有些杂乱，却沉闷无言。

平素繁华的街上，只剩下一家酒铺，一家慰安所，以及一家蒸馍店。稀稀疏疏的灯光，偶尔响起的野狗叫声，死寂得让人恐惧。

转移出城的战士、民兵与游击队，反身封锁了城内的日军。只要有人一出据点，就给打回去。

不仅找不到做事的百姓，自己倒成了困兽，日军羞愧不已，愤怒无比，常常星夜出发，挥着血淋淋的刀枪，向深山与林区进发。

沿途百姓一群群被抓，一批批被杀。

跟着转移到山中的沁源县反“扫荡”指挥部很快决定，将敌占点线安沁和二沁大道两旁离据点十里、离大道五里以内的群众，也全部转移。

23 个村庄，加上离沁源城最近的城关，共有 3200 多户人家、1.6 万多人，要丢掉他们赖以生存的 4.2 万多亩耕地了。

可是，这一步棋不得不走。与其被围困，不如以己之长，击敌之短，把敌人围起来，困起来，再逼走。

11 月下旬，又一场秘密大转移开始了。

局势混乱，秩序安稳，纪律严明。

一条条山路，一道道山梁，如蚁的人群，趁着星夜，向深山挺进。

短短五六天时间，1.6 万余人的秘密大转移全部完成，创造了沁河两岸宽十里、长百里内无人烟的奇迹。

“把碾子、磨子、水井，都破坏掉！”一声令下，一条线上的生活用具全部被毁。室中空空，仓中空空，瓮中空空。井中打上的水，散发出阵阵恶臭。无奈，日军只好到几里外的沁河去挑水。然而那流淌着清凌凌沁河水的河边，早已有神枪手在等待伏击。日军才知道，挑水也是战斗。于是不得不让士兵持枪保护挑水人，并从两个人增加到一个班。

尽管如此，依旧是不仅要丢了性命，常常连水桶也要失踪。

夜晚的入睡，更觉凄凉。架床无木板，炕上无席片。无奈的敌人只好找来杂草铺在身下。没有柴火，只好将门板拆下。

人无粮，牲口无草料，只好杀马充饥。

一座萧瑟的城，只剩寒流。

伊藤不得不向临汾师团司令部求援：“来到这里没有人，没有水，没有粮，天天有病倒的……”

百姓的山中生活，何尝不是艰难万分。“白天钻山山，黑夜钻庵庵。”交口乡胡家庙村92岁的胡风义老人能清晰地回忆当年。

流离奔波，一晃就冷起来了。毕竟走得急，毕竟没做长远打算。无衣替换，无家取暖。病痛随之而来，年老的、体衰的、孩童们，都抵抗不住这恶劣简陋的环境，一批批人倒下了。

要看病，要吃饭。关键的是，要回家。

“回去吧。”许多百姓这样说。

“先回去吧。”有干部这样建议。

这些说法与建议，都是建立在生活基础上的。

主张群众回城去的干部，提出来可以像别的地方一样，搞合法斗争，也就是给敌人成立维持会。

“这样的话，党组织、党员就都要回城作隐蔽斗争。”刘开基一锅烟一锅烟地抽着，思考着，始终不点这个头。他知道，这是个被动的、消极的路子，是个不是办法的办法，也是一条危险的路子。回去，就是向敌人妥协，态度上就输了。他更明白，能不能顶得住敌人，不仅关系着山西的敌后抗战能不能坚持，更关系着华北抗战能不能坚持，乃至直接牵动着全国抗战的命运。沁源的决策，至关重要。

沁源一战，不仅仅是沁源人民保卫家园的战斗，更是一场保卫与巩固敌后抗日根据地的战斗。

然而，如果强迫群众留在山中，能保证一万多名群众活命吗？

寒风，只管呼呼地吹，吹冷人的身体，更吹冷人的心。

“决不‘维持’！”这是当时县委制定的战略目标，当前的关键任务，是他们必须要给群众找一条活命的路子。

“相信党组织，依靠群众。”最终，刘开基决定把权力交给群众，他带着党员干部，深入到山沟里的群众当中，大规模展开“誓死不回城‘维持’敌人，永远不当亡国奴”的民族气节教育，组织所有转移出来的群众进行大讨论：回不回去？如果不回去，怎样与敌人斗争到底？

“现在咱们面前有三条道儿，一是回城，二是逃走，三是斗争。”

这时候，主张回城的干部先说话了：敌人是主动的，我们是被动的。

刘开基答：敌人杀人放火是主动的，这样做却是被动的，是因为无能，最终赶走了群众。

“群众顶不住这种苦。”

“苦是真苦，可穷人啥苦没吃过？关键问题是，我们领导人要和自己怕苦的情绪做斗争，克服畏难悲观思想。”

“群众怕死。”

“谁不怕死？鬼子不怕死为什么出来戴钢盔，回去钻碉堡？问题是谁能杀死谁。”

“敌人可怕。”

“日本强盗怎么不可怕？可山是我们的山，路是我们的路，群众是我们的群众，为什么会没办法？”

“鬼子赖下不走了，怎么办？”

“敌人厉害，顶多是块石头，没有根，不能生长。我们弱，是草，可有根，能生长。”

“拿命去碰敌人太危险。”

“不危险就不叫斗争，不危险就不叫尖端，不危险就不叫技术。千钧一发，我们就要叫这‘千钧一发’变成通向对敌斗争胜利的现实。”

“敌人扎下那么多据点，你怎么打呀？”

“挤！一点一点挤，一个一个挤，把这里的敌人挤走了，那里的敌人就动摇了。再一挤，他就逃跑了。”

“人只有一条命，谁不怕死？”

“打仗就是去送死吗？不是，只有消灭了敌人，才能保住自己的命。”

…………

一来一往，刘开基硬是以自己宏大的格局与出众的智慧说服了想回城的人。所有的群众也从这些对话中汲取了力量，有过动摇的人也坚定了信念，那就是留下来，那就是斗争到底，那就是“宁可饿死在山里，也不回去搞‘维持’”。

紧接着，沁源县委决定将长期反“扫荡”的方针改为长期围困敌人的方针，将沁源县反“扫荡”指挥部改为“沁源县对敌围困斗争总指挥部”，由三十八团团长蔡爱卿任总指挥，县委书记刘开基任政委，集党、政、军权于一体，实行一元化领导。又组建了城乌联合镇公所和城乌镇党总支。其他各主要隐蔽点也相应建立了党组织，全县4个反“扫荡”游击队、11个战区指挥部也很快建立。

为安抚人心，沁源县围困指挥部又从李元镇马森村后岭上的核桃庄迁出，与城乌镇公所一起转移到乌木沟与永宁沟之间的西塔子沟。

只是一座简陋的房子，却犹如定海神针一般扎在百姓身边，更扎进百姓心里。难民们从沟里各个方向出来，远远地都要先朝这里望上一眼。

“镇疙瘩”，这是百姓给的名字。一个土疙瘩，镇住了百姓的心。

党员干部们又出动了，深入一个一个山沟，推开一扇一扇大门，走进一户一户人家，对人数、年龄、男女、身体状况、粮食及衣物情况细细摸底。对于表现好的百姓，及时表扬；对遇到的困难，及时给予解决。饿了，就跟着百姓随便吃一口粗饭；晚了，便索性与百姓挤在一盘炕上睡去。

为了保障百姓的正常生活，县围困指挥部设法在沁县、平遥、洪洞、霍县及河北邢台、邯郸等敌占区开辟了地下贸易客栈；在根据地内的王勇、柏木、支角、韩洪等离敌据点较远的地方开辟了新的集市。还特别发放了商业贷款，鼓励和组织小商小贩外出贩运物资，按照“用我所余，换我所需”的原则，让百姓按需自由交易。

简陋而清贫的山中，有了笑声。大家暗暗抱定一个信念：为了进攻的退让。

可是，山中险，山中冷，山中饿，山中难。也常常有人跑着跑着就没了命。

可是，沁源人还是要奔往山中。

沁源的山中，弥漫着一种无形却神秘的力量："要围困，不要'维持'""家家不'维持'，人人反'维持'"。

"沁源人不能有一个当汉奸！"对县围困指挥部发出的强音，沁源百姓坚定回应。

当时有文字记载，沁源百姓每日两顿饭，普遍吃糠，但誓死不"维持"。

之后，县围困指挥部又组织群众回城抢粮，春天抢种，秋天抢收，开荒，生产大竞赛，为百姓生存与对敌斗争做保障。

二沁大道上的官军民兵，还在决死第一旅著名军械改革能手、工兵排长聂培章的带领与指导下，发明出石雷，培养出地雷能手。1943 年到 1944 年两年间，二沁大道上 441 名敌伪人员就在神不知鬼不觉中被地雷炸死，近 500 名敌伪人员在地雷阵中折肢断腿，负伤逃命。

"踏上二沁路，等于进了棺材铺。"一次次挣扎后，日军终于服输了。最困难时，甚至把几十匹军马都杀着吃了。

围困期间，如二沁大道这样的地雷阵，布满沁源山中。民兵们的智慧层出不穷，创造出各种磁雷，包括瓶瓶雷、罐罐雷、盆雷、碗雷、钵雷、瓮雷等，甚至连小孩子玩的磁娃娃，都是雷，不仅防水、防潮、容易制造，还杀伤力大。在这些地雷与武器的助力下，沁源山中新奇战术不断涌现，“铺雷运动”“摆死狗阵”“芦柴封锁”“陷马坑制敌”“号炮动员”“泥神骂阵”“毁井断源”“乘机劫敌”“牌楼迎敌、草人爆炸”“锣鼓喧天、噪声扰敌”“狼烟号火、起火联络”“清扫街道、神桌祭法”等十多种战法，真真假假，虚虚实实，搞得敌人晕晕乎乎。

长期的斗争中，也出现了李学孟、张法中、赵正中、任彦、贺逢光、余文海、郑士威、李德昌、史载辕、郭三魁、范田则、韩相虎、续水成等一大批当地民兵英雄。他们以鲜血与生命，捍卫着脚下的土地。

1944 年 1 月 17 日，距春节还有 8 天，振奋人心的声音越过江、跨过河、翻过太岳山传来：“抗战以来的长时间中，敌后军民以自己的血肉头颅，写出了可歌可泣的英勇史诗，在这无数的史诗中间，晋东南太岳区沁源八万军民的对敌斗争，也放射出万丈光芒的异彩。”

说的正是太岳区，是沁源的八万军民，听：“八万人口的沁源，成了日军坚甲利兵攻不下的堡垒，成了太岳区的金城汤池……模范的沁源，坚强不屈的沁源，是太岳抗日民主根据地的一面旗帜，是敌后抗战中的模范典型之一。我们向沁源军民致敬，祝沁源军民保持这光荣的地位。沁源军民要更加团结起来，在共产党的领导下，你们将无坚不摧。”

这是中共中央机关报——延安《解放日报》当日发表的一篇社论，题目是《向沁源军民致敬》。

全国的沟沟坎坎，一下铺满来自沁源的声音。

隐蔽在大山深处的人们沸腾了，收到这个春节最好的礼物，他们激情澎湃，斗志昂扬，乘胜追击，儿童、妇女、老人、绿茵剧团齐上阵，万众一心，众志成城，最终将敌人赶出沁源。

从 1942 年秋到 1945 春，艰苦的两年半时间，“哪里发生问题多，哪里就能找到党组织，找到刘开基”，八万沁源百姓在刘开基的带领下，对敌作战 2730 次，毙伤敌伪 3078 名，生俘特务汉奸 245 人。两年半时间，900 多个日日夜夜，八万沁源人也付出了巨大的代价，近一万人牺牲，一万多名百姓致残。

时任太岳区二地委书记、亲自参与指导沁源围困战的史健曾说过：“沁源‘两年半’的胜利，和启用了一个有觉悟、有群众基础的当地人有重要的关系。”

他说的有觉悟、有群众基础的当地人，便是刘开基。

正如 1944 年 2 月 4 日的《解放日报》报道中所言：“人民的公仆——抗日政府，和人民的儿子——八路军、决死队、游击队，是和群众一起打发着日子的。”

1942 年秋到 1945 年春的太岳山中，一个核心人物，一群坚定的跟随者，怀着一个坚定的信念，朝着一个正确的方向，义无反顾，泣血前行。

八万沁源人，在危难袭来之际不屈不挠，万众一心，排除万难，联手唱响一曲保卫家园之歌，悲怆淋漓，艰苦卓绝，荡气回肠，谱就一种独一无二的沁源精神。

两年半，家散了，但党组织没有散，百姓没有散，反而越聚越拢，越战越强。

最终，沁源人披荆斩棘，走向终点，让鲜红的旗帜高高飘扬在太岳山上。

李月胜 中共党员，山西武乡人，1915 年出生，1942 年入党，抗战老兵，六级伤残。

■ **党员有话说**

我暮年最大的愿望，是去一趟天安门广场，重新穿起军装，重新别齐军功章，庄严地举起右手，以神圣的军礼告诉天下人：我是抗战老兵！

此生夙愿，以老兵的身份走过天安门

2015 年深秋，落叶一路。

从武乡县城一路向东，向洪水镇韩青垴村行进，去见百岁老兵李月胜。

多年了，没领略过浊漳河两岸深秋的滋味。落叶、芦苇、庄稼在秋风中交织呈现，竞相展现着秋之魅力。顺着浊漳河水而下，在洪水镇一处岔道口作别浅浅的河流，自北而上。

去往韩青垴村的路弯弯曲曲，但很顺畅干净。秋日的乡村路上风景独好，饱满的果实经过了最轰轰烈烈的收割期，只有少量还待在地里，必是家里的主人因事忙碌拖延了带回它们的时间。只剩下秸秆的田地里，散发着淡淡的忧伤气息，满目尽是萧瑟之美。

院门开处，村支书在，李月胜的女儿在。

这是一个像婴儿般干净与可爱的老人！坐在他身边，有一股想亲近他的冲动。岁月残酷，当月整整满 100 周岁的老人听力有了严重障碍。但纯净而天真的笑容始终挂在他的脸上，两条腿伸直坐在炕上，两手抱在两腿下，上身前后晃动着，嘴里时而还哼唱一些曲调，像被妈妈关在家的小孩子无聊玩耍。

他的云淡风轻，瞬间击碎我一颗汹涌澎湃的心。

山河碎过，重整的疼痛也早已成为过往。每一天，风依然翻山越岭吹进太行山，再贴着浊漳河哗哗流动的水吹向远方。

百年历程，早让岁月抹平，顺着风，顺着水，灰飞烟灭。

突然觉得，还有什么不能化解？

李月胜老人看着女儿："抽根烟吧？"

女儿说："抽了又要头晕，你看人家这个女娃娃好看不？"

于 100 岁的老人而言，我自然是一个女娃娃。于是我们聊天，很大声地，在他的左耳边。

李月胜老人1938年3月参军。彼时，武乡黎城通往河北涉县东阳关至响堂铺一带的战斗正撼天动地地打响，八路军一二九师以三八六旅七七一团、七七二团和三八五旅七六九团这三个团的兵力，伏击日军一〇八师团辎重部队180辆由黎城开往河北涉县的兵力。

徐向前副师长对阵森木少佐。

那一场战斗，山谷雷动，硝烟弥漫；包围与突围较量，援救与打援争锋！最终以我方胜利宣告结束，缴获大批军用物资——迫击炮四门、歪把子轻机枪十八挺、三八式步枪数百支、黄呢子大衣上百套等。万般可惜的是，由于当时没有驾驶员，日军的180辆汽车在熊熊大火中成为一堆废品。

这场历时两个小时激动人心的胜利大战，让国民党将领认识了游击战，坚定了两党合作必能抗战胜利的信心。战斗更极大地惊动了日军一〇八师团的“皇军长官”，他们对武乡这片土地与人民的攻势越发凶猛。

绵亘于太行、太岳两山之间的武乡县，再也守不住一方静谧。山清水秀的家乡瞬间被硝烟笼罩，勤劳朴实的百姓也难进自己家门。

武乡地区的抗日烽火，全面点燃。

仰天长叹，家园何在?

23 岁的李月胜，正是风华正茂绝代好年华，面对突然燃烧到家乡的烽火，这名在田间耕作的乡村青年不得不放下锄头，扛起陌生的枪，一头扎进抗战大队伍中。

关家垴、中条山、围困蟠龙、解放段村、淮海战役等战斗，他至今都可以历数。那些惊心动魄，他说得云淡风轻。听得急，问得细，他便说：“打过七八十次战斗了，哪儿能记得清!”

70 年的岁月，流走的不仅是时光。

翻开韩青垴村的日历，战争年代一页页光彩照人。未穿军装之前，李月胜就是民兵，他们的队伍里，还出了个有名的“麻雀战能手”高贵堂。

那时候，太行山区的崇山峻岭间，到处都是高贵堂们的身影，他们经常利用熟悉的地形，翻山越岭，暗中袭击敌人，掩护百姓，有一次还虎口袭敌为八路军夺来二十驮棉花。

时势造英雄。那个枪林弹雨的乱世，在这个太行山区的小县城里，成千上万的群众和民兵，利用筑起来的新工事——地沟、暗堡、冷枪洞，和闯进来的敌人进行一轮又一轮的激烈斗争；一批又一批百姓扔下锄头，举起刀，端起枪，冲锋陷阵。

太行山，浊漳河，都是武乡的守护神。那个年代，滔滔浊漳河水汹涌地怒吼，每到夏秋之季，更是洪水暴涨之时。这个时候，当地民兵就会充分利用家门前河水的优势对敌。当时，李月胜村子所在地有一个闻名当地的暴庆堂中队，1942 年 9 月的一个上午，忽然闻听，一股敌人从襄垣牛郎沟里出来，准备从北口渡过浊漳河，企图偷袭武乡西川、下北漳一带。

与太行山里的百姓有着鱼水深情的浊漳河水，怎容敌人轻易来犯？

李月胜老人挥着手说，敌人要进犯我浊漳河水，还不是对手！

果然，当十几个敌人被命令脱掉衣服，互相用绳子串起来，顶着衣服枪支涉水渡河时，河岸这边的暴庆堂中队已经瞄准，在河中央袭击了他们。敌人进不能，退不得，挣扎着一串儿倒在水中。岸上的敌人想出手帮忙而不能，只好一边还击，一边逃窜。

在今天，这些成了故事的事件说起来妙趣横生，李月胜老人也讲得哈哈大笑。

然而当年的烽火岁月，他这个响当当的军人，浑身上下的弦可是紧了又紧。一入伍就被扔进枪林弹雨中。两年之后，李月胜已经成长为一名合格的八路军战士。

李月胜在部队是机枪手，最大的官做到排长，领导着三四十名同样从各个村庄聚拢而来的年轻军人，蹚泥水，钻沟壑，击退了一批又一批入侵的日军。尽管，他已记不清是哪一年。

老人磕磕绊绊地回忆，蟠龙围困战，历时 8 个月零 14 天，共歼敌 2100 多名，伪军逃跑、投诚者 240 多名。后来，被我军俘获的伪军第一师副师长段炳昌在写给师长赵瑞的信中这样说："原以为大军所至……民众依归，事实殊出意外，至今民众屡召不返，治安更风雨飘摇，前途困难重重……"

最终，侵占武乡蟠龙达 8 个月之久的敌人在我广大军民的包围之下，被迫于 1944 年 8 月 28 日像过街老鼠一样偷偷溜出小镇，狼狈逃回段村，粉碎了当初想劫取柳沟丰富煤铁资源的野心。

此后，在蟠龙镇召开了万人庆功祝捷大会。

被裹在人流里的李月胜忘记了负伤的疼痛，用欢呼庆贺着队伍的又一次成功。

曾经战场上杀气腾腾铁一般的军人，今天炕头上慈眉善目如孩童般的老人。再怎么联想，也难以叠合为一个人。

“当兵还怕死？怕死不当兵。”百岁老人李月胜边说，边笑，前后晃动着轻薄的身躯。

李月胜老人解开衣服，让我看他的左乳头，已经没有了，只有一片大大的疤痕，就是当年攻打蟠龙镇时受的伤。而他右腰部的伤更重，之后的一次战斗中，趴在地上的他正疯狂地扫射，却不料被对面飞过来的一颗子弹从右肩膀打进，子弹无情地一路深入，直穿到他的右腰，深深卡在身体中。由于当时医治条件有限，这颗罪恶的子弹，竟然在他的身体里住了 11 年。直到 1957 年，老人才去长治一家医院做了手术。

一颗仇恨的子弹摆在多年以后的阳光里，人到中年的李月胜尽量压制着一腔愤恨，却怎么也管不住他平静了多年的一颗心再次剧烈跳动。思绪，也不听话地跑回从前，一头栽进那段不堪的岁月中。

尽管在他的身体里住了 11 年，那颗子弹依旧冰一样冷。

100 岁的李月胜老了，早已不能自己行走。女儿说她在院子外面做饭时，父亲总想出去看她。看不到，就将脸贴在窗玻璃上努力张望。女儿怕父亲不小心摔下地，就时时举着一双沾满面粉的手一遍遍跑进来看他，像当年看护自己的孩子一样。

女儿李留萍孝顺，却是抱养的，她是李月胜唯一的孩子。李留萍来到这个家的第四年，李月胜的妻子与腹中胎儿双双因难产而死，从此父女俩相依为命。就连女儿坐月子，都是当爹的伺候。无法想象，战场上拿惯了枪支、田地里握惯了犁耙的男人，如何站在灶台前给女儿熬稀饭，做面条，给襁褓中的婴儿洗尿片，清理卫生？

“我爹可细心呢。”女儿说起父亲，泪光盈盈，“就是一生受了太多苦痛。”

1938 年当兵征战，1946 年退伍还乡。

“种地好，就是辛苦；当兵也好，就是要命。”李月胜幽默风趣，轻松说着人生。

纪念抗战胜利 70 周年，李月胜被接去县里的光荣院，受到中央及省里民政部门领导的接见。女儿说，回来后老人高兴了许多天。

为啥高兴？他说见到老兵，见到首长；问为啥被接见？他开心地说给国家办过好事情，打过日本侵略者。

可是，老人对一件事耿耿于怀。采访中间，他突然收起笑容严肃地问我："为什么不让我去天安门广场？"

小心向他的女儿求证："你爸爸是没有去过北京吗？"

女儿答，从来没去过。

可是，他何故不问"为什么不让我去北京"，而要锁定"天安门广场"？

疑惑之际，女儿搂住父亲开口了："爹，你好好再活10年，到时候，一定给您申请去趟天安门。"

李月胜点头应答"好"时，我突然明白了。刚刚过去的9月3日，天安门广场举行了一场纪念抗战胜利70周年大阅兵，而武乡，有五位老兵参加。

那一天，李月胜一定坐在电视机前，全程观看了那场直播。他一定是看到他的战友出场了，他一定在想，"我曾经也是一名抗日战士，今天同样是一名抗战老兵。我也想再一次穿起军装，再一次别齐军功章。我也想从天安门广场缓缓而过，再一次庄严地举起右手向亿万电视观众敬一个神圣的军礼啊。”

可是，“为什么不让我去天安门广场?”

于是采访中，他两次打断我，认真盯着我问。

李月胜第二次再开口时，我已经知道如何回答他，于是学了他女儿的话说：“老人家，我们争取再活 10 年。待纪念抗战胜利 80 周年时，我们一起努力，带您去天安门广场。”

好不好?

好！好!！好!!！老人高兴地连连点头，随后竟摇晃着身子哼唱起来。

参加抗战的十年青春年华，是他一生中最荣耀的时光!

看着兴奋的老人，我却无比辛酸。一个百岁老人，再活 10 年的可能性有多大? 果然，第二年 4 月，老人因不小心摔断胯骨无法手术而在疼痛中离世。

以老兵的名义，去一趟天安门广场，终究成了老人一生未能实现的愿望。

预习笔记三

甘将热血沃中华。

抗日战争全面胜利，但国民党却坚持反共方针。历时43天的重庆谈判，签订双十协定。然而同时，蒋介石却发出“进攻解放区”的密令。

种种争取和平的方式，均以失败告终。内战，全面爆发。

1947年6月30日，刘邓大军4个纵队12万人从8个渡口同时行动，冲破了国民党40万军队布防的黄河防线，发起鲁西南战役，最终歼灭国民党4个整编师部9个半旅。刘邓大军于8月7日星夜南下。8月17日，越过黄泛区，向南方进发，又十多天后，穿越沙河，逼近汝河。

当时，跟随解放大军南下的，还有许多地方干部。抛家舍业，离开家乡和熟悉的岗位，到远隔千山万水的地方去工作，大部分人难免有顾虑。最终，深明大义的他们，还是克服重重困难，让雄壮的歌声在南下路上嘹亮地响起。

1949 年 4 月 20 日夜，百万雄师强渡长江。

4 月 23 日，人民解放军占领南京，国民党政府覆灭。

张富清

中共党员，陕西洋县人，1924 年出生，1948 年入党，“共和国勋章”获得者。

■ 党员有话说

我这一辈子不管走到哪里，都会牢牢记在心里，是党培养我成为一名革命军人、共产党员。我们所做的一切都是为了老百姓，为了党和国家。

一句誓言，一生作答

张富清不会想到，95 岁高龄时，他在一只皮箱中存放了 64 年的秘密，突然被揭开。缘由，只是来凤县对退役军人与其他优抚对象的一次信息采集。

一次简单的身份登记，让尘封已久的秘密公之于众。

全国震惊!

到地方，为民造福

之前，人们只知道 1955 年，在部队立了战功、学了文化的张富清，放弃留在大城市武汉，以及回陕西老家成亲结婚、孝顺双亲的机会，主动去了湖北最偏远、最原始、最苦寒的地方——恩施市来凤县，从此扎根武陵大山 30 年。

决定离开武汉去来凤的前一天，是农历腊月二十四，是他 31 岁生日。那一晚，他在汉口江汉关附近一家小旅馆里，在刚刚从家乡长途跋涉来到身边的新婚妻子见证下，将三枚军功章封入一个新买的皮箱中。

彼时，三枚奖章的分量，只有他自己清楚。

将奖章郑重放入箱中，他告诉妻子："从今天起，这些东西就封存了，你我都不要再提。"

面对妻子的不解，张富清动情解释："比起那些牺牲的战友，我做得太少……"

战火，战功，荣耀，伤痛，连同三枚军功章，从此封存。

张富清从小不识字，但是经过武汉中央军委防空部队文化速成中学两年的培训，加上努力与勤奋，他的成绩突飞猛进。语文、算术、自然、地理、历史，5 分制满分课程他均取得 4 分以上的好成绩。

国家安宁了，他要带着这些新本事去服务边远山区。而他年仅 19 岁的妻子，也义无反顾，跟着他扎根陌生的大山。

从武汉到巴东，他们坐船在江上航行了两天；从巴东到恩施，改乘木炭车历时三天；从恩施到来凤，又是木炭车颠簸两天。

途中，张富清需要多次抱着妻子并挡住她的视线，才不至于让她看到脚下的深渊而恐惧。

一路走走停停十几天后，两人来到乾隆元年在武陵山中诞生的新县城——来凤。

张富清被安排在来凤县城关镇粮管所，职务是主任。分配给他们的房子，是一间散发着潮气、室内空空的木板壁瓦屋。

第一个晚上，他们将随身带来的铺盖卷铺在地上度过。清冷的夜里，张富清这样安慰妻子："这样的穷、苦，共产党员不来，哪个来?"

第二天，张富清便开始了对来凤县粮食产量、储存运输、粮油供应、工作人员、居民购买习惯、供应点销售等情况进行摸底排查。每天夜里归家，精疲力竭到不想多说一句话。

"这是打仗吗?"妻子问。

"工作不就是打仗吗?"他答。

年轻的妻子，只能像蚂蚁一般，搬来一根柴棒、一个火炉、一片席子……独自将空空的屋子布置成一个有了烟火气的"家"。每个月，她与当地居民一样，背着背篓，揣着粮油供应本，出现在粮店门口长长的购粮队伍中。

第二年 5 月，张富清带着干部考察中“能够带头干”“群众反映极好”的极高评价，被提拔为县粮食局局长。

而此时，他才有机会到距离只有七公里、一河之隔的龙山县看看，目的，也是为了参观学习对方的先进经验。

三年后的 1959 年早春，一纸调令将张富清调至更加贫穷的三胡区，任副区长，分管财贸工作。

陡峭的山路上，艰难行走着几个人，大人的肩上背着两个孩子，以及家当。那是张富清夫妇与雇请的几个帮手。

身后的来凤县，已经有了盼望已久的电灯。而相隔仅 17 公里外的三胡区，不仅没有电灯，连公路都不通。

早春的寒风，呼呼吹进一个四壁无遮无挡的小木屋，这便是三胡迎接他们的“家”。推门，室内空间只能容下一张大床。这张床，从此变成大通铺，从四口人，一直到睡下六口人。

“咱当兵的人，啥困难没经历过？”面对困境，张富清总是这样说。

不懂方言，学；工作落后，赶。张富清带着家人，硬是一天天啃下了一块块硬骨头，引水，增粮，带领全区挺过三年困难时期。其间，为了开展好工作，他竟然将不在精减人员政策范围内的妻子的工作第一个“压缩”掉。

屋漏偏遇连夜雨。一纸电文传来母亲病重的消息，然而此时正是他带领三胡百姓艰难爬坡的关键时刻。缺时间，更缺钱。再等等吧，说不定，娘会好起来呢？然而再等来的，却是娘去世的消息。

张富清失声痛哭，恨不得立即飞回母亲身边。可他很快又被现实拉回，路途遥远，即便辗转回去，也早已过了“头七”，而他能做的，只是露个面，远不如给家人一些实惠。于是他拿出家中的全部积蓄50元钱，又借来150元，一张汇款单寄了回去。

“娘安息”，是他在汇款单上附上的三个字。彼时，他已拿不出钱另发一份电报。

他能尽的孝，就是用两到三年时间，将借来的150元外债还掉。

不抽烟了，不喝酒了，不买衣服了，但还是无法维持温饱。丢了工作的妻子，不得不上门给人家做保姆。他在市场上转来转去，捏着几张毛票不舍得买一捆烧火的毛柴。最后咬牙，亲自进山去砍。两个女儿下学后，便飞身回家盘扣子，一分分赚钱；两个儿子则每天要到生产队看看，有没有别人漏掉的洋芋拣。

身为官员的张富清却觉得，哪个穷人家日子不是这样过？他唯一愧疚的，是1965年上小学的大女儿突发高烧，因他在大山中，未能及时赶回，导致女儿错过最佳治疗期，留下永久后遗症。

在三胡的岁月，一直持续到1975年。这一年，51岁的张富清从三胡调至离县城50多公里的卯洞公社，任革委会副主任，分管财贸与机关工作。

彼时，当地正流行一本连环画《深山歼敌》，说的就是战斗英雄的故事。画册当年便发行130万册，当地的孩子们几乎人手一册。张富清已经长大的两个儿子也熟记里面的英雄故事。为了满足儿子们对英雄的崇拜，他想法让孩子们见到了连环画中的英雄原型——当地民兵，但没有透露自己是功勋人物的秘密。

一家六口辗转卯洞，依然入不敷出。家是一处破庙，一大一小两间房，共30多平方米。连旁人都说，分管供销社的张副主任，掌管着全公社的物资供应，完全可以要一处大些的房子，更能给家里人安排个临时工。可是张富清没有。

妻子孙玉兰因为操劳过度，几次晕倒在家中。即便是妻子住院的日子里，张富清也是奔波在大山深处毫不知情。

家中最值钱的物品，便是那口锁着三枚奖章的皮箱。

辗转20多年，新皮箱已经变旧，秘密却一如当初。

那时候，已经高中毕业的大儿子，还是穿着用化肥袋做补丁的衣服，屁股上“含氮量”的字样格外醒目。儿子觉得，这是给当官的爸爸丢人，于是去捡石头，破石子，用整整十天时间，赚了一元二角钱。

一天，一家国企在本地招工的消息传到儿子耳朵里。逐条对照，他符合全部条件。他欣喜万分飞跑回家将这个好消息告诉父母时，才知道机会已经被父亲做主“放弃”了。父亲对他的安排，是下放到公社开办的林场，当一名开荒种地、植树造林的知青。

卯洞进行开荒、种植，林业发展得风生水起时，张富清又主动把自己发配到连拖拉机都不通的高洞片区。到这里后他身先士卒，带领百姓开山烧荒，修造了梯田，铺设了公路。

1979年，55岁的张富清终于调回来凤县城，担任外贸局副局长一职。就在孩子们以为迎来美好新生活时，很快发现又是梦一场。

全家六口，住的依旧是两间房。父母带两个女儿住大间，两兄弟住小间。彼时，二儿子张健全正在备战高考，他多想有一个没人打扰的空间啊！

这时，张富清终于不再穿着打了补丁的裤子。那还是缘于小女儿有一次在街上被一位叔叔开了玩笑：“你们的爸爸是公社领导啊，让他别再穿补疤裤了！”爸爸不在乎，孩子们脸上挂不住了。于是那个暑假，三个孩子一起到河边锤石子，又到食品加工厂晒辣椒，用一个月辛苦赚到的 9 块钱，跑到供销社挑选了一块的确良布交给妈妈，给他们的爸爸做了一条新裤子。

三年后，中国已经出现不少万元户时，就任建设银行来凤支行行长的张富清，却连一双皮鞋也没有，更不用说自行车了。了解调查贷款单位，几十里山路他依然靠一双脚走。

到张富清离休时的 1985 年，建设银行来凤支行初具规模，职工人数由当初的 5 人扩展到 40 多人，不但大力支援了来凤的生产建设，经济效益也日益好转，盖起了办公楼和职工宿舍。

张富清一家，也终于住上了单位的宿舍楼。

从 1955 年到 1985 年，陕西省汉中市洋县马畅镇双庙村的张富清，在来凤整整度过了 30 年。

30 年时间，张富清竟然只在 1958 年回去过老家一次。

时隔 28 年后的 1986 年再回老家，张富清真成了“乡音无改鬓毛衰”。再无工作牵挂的他好好住了个够，与岳父，与活着的亲人叙往事，话明朝。

终于闲下来安享晚年的张富清，却在 88 岁那年突然膝盖发炎、化脓，接着便是连续高烧。最终从来凤到恩施，又辗转到武汉治疗。然而，保守治疗 40 多天后，一条腿还是没能保住。尽管张富清已经 88 岁高龄了，但是坚强的他还是凭着顽强的毅力，学会了重新站立，学会了用假肢走路。

在部队，保家卫国

张富清是苦孩子。1932 年他 8 岁时，父亲病故，从此与两个哥哥、一个姐姐跟着母亲艰难度日，十几岁时就当了长工。后来为了把被国民党抓去的二哥换回来，瘦弱的他被乡联保处关了近两年后送进国民党部队干杂役。

所幸的是，这支部队很快被解放军打败。

“是共产党救了小长工，是共产党给了我第二次生命！”多年以后，张富清依然感激涕零。

1948 年 3 月，张富清自愿参军，成为中国人民解放军西北野战军第二纵队三五九旅七一八团二营六连一名战士。

三五九旅，便是被毛泽东称赞为“模范”的部队，当年的南泥湾大生产全国闻名。

“连长，让我上！”参军当年夏天，便遇壶梯山之战。那天，张富清拼尽全力喊出这句话时，连长李文才甚至不认识眼前这名战士。

“我叫张富清！是一名新兵！”张富清出口的每一个字都铿锵有力，“让我去炸掉那个暗堡！”

张富清说的暗堡，在远处的山坡上，露出地面部分有一米多高，主体工事都在地下。彼时，暗堡中正有密集的弹雨向着他们的方向疯狂扫射。

当时，敌军有上百个伏地暗堡与十几个工事，组成多个扇面火网，封锁着由下往上仰攻的西北野战军二纵各旅。

暗堡不毁，战斗不止，人员伤亡不断。

张富清就在这关键当口提出请求。连长看着这名新兵，稍加犹豫后叮嘱：“手榴弹不能从上面扔，必须从侧面靠近，从射击孔往里塞！”

“懂！”得到允许的张富清欣喜万分。他在火力掩护下迂回匍匐，一寸寸靠近暗堡。近了！近了！只见他果断拉开手榴弹引信，准确塞进吐着火舌的射击孔。

一声巨响过后，暗堡哑了。

“冲啊！”连长带领战士们，迅速冲上山。坐镇指挥所的二纵司令员王震看到局面打开后，下令炮攻。

两个小时的激烈战斗后，扼守壶梯山的敌人全部被歼。

这一仗，七一八团二营六连因发扬了“猛打、猛冲、猛追”的精神，被三五九旅评为“攻如猛虎、守如泰山”英雄连！

首次当突击队员的24岁新兵张富清，战绩累累：攻下敌人暗堡一个！击毙敌人两名！缴获机枪一挺！被授予“战斗英雄”称号，被师部记一等功一次。

张富清付出的代价，是右手臂和胸部被燃烧弹烧伤，留下永久疤痕。

新兵张富清，一仗成名！紧接着，他跟着西北野战军二纵队参加了拔掉黑池镇东马村国民党守军的战斗。

彼时，张富清已经成为突击组组长。

一天，由他带着一个六人突击组在酸枣林中潜伏，伺机为七一八团进攻打开缺口，扫清外围。

当战斗正式打响，张富清带人直扑村头敌军岗哨。这一次，他们的目标依然是位于村口的一座碉堡。

靠近途中，两名突击队员中弹倒下。张富清迅速掏出手榴弹并向剩下的突击队员大叫：“快！不然来不及了！”

喊叫的同时他飞身靠近，一颗手榴弹精准投进射击孔。未等敌人回过神来，第二颗也跟着飞入。

三名突击队员跟着张富清冲进碉堡，控制了机枪手。

黎明时分，东马村守敌全线溃败。

解放的曙光在望。1948 年 8 月，辽沈战役、济南战役与淮海战役准备打响。解放战争的大决战时刻，到了！

9 月，敌七十六军一路溃败，在军长李日基率领下逃至距蒲城县东约 30 公里、位于洛河东岸的永丰镇。

11 月 25 日开始，我军二纵队向东岸敌军二十四师发动攻击，并很快将敌七十团一部及七十一团大部消灭。战士们乘胜在寒风中东渡洛河，将敌七十六军包围。然而，李日基抱着侥幸心理，无视我军发出的劝降书，退守，死磕。

双方激战，伤亡巨大。张富清所在的七一八团二营六连为总攻突击连，他们接到的是“死任务”：尽一切办法越过城墙，炸掉对我军严重威胁的碉堡。

需要三名战斗能力最强的战士编成第一突击组。

“报告，算我一个！”张富清第一个报了名。很快，他带领两名突击队员与连长、指导员握别，出发。

谁都认为，这是一次有去无回的冲锋。

张富清背着两个炸药包、16 枚手榴弹，以及冲锋枪与子弹。他们一路过地道，近城墙，最终用指头抠着砖缝，一点点攀上四米高的城墙。

面对突然跳进城内的张富清，敌人惊讶之余向他扑来。早有准备的他端枪一阵扫射，七八名敌人相继倒下。而他的头部，也似乎被什么东西重重一击，一阵麻木。什么也顾不上，他一步一步爬向碉堡，用刺刀刨出一个土坑，将一捆手榴弹与炸药包放进去后，迅速拉下手榴弹拉环，一个翻滚滚到安全区。

一声巨响惊天动地，惊心动魄，一座碉堡夷为平地。

同样的方法，他又炸掉第二座碉堡。

此时，他才觉得头疼欲裂，体力不支。手一摸，全是血。满嘴的牙齿，也被爆炸声震松了，三颗大牙当场脱落。

夜来临了。他的头脑却极其清醒，要坚守，等大部队来。

硝烟中，伤员张富清独自坚守、战斗长达五个小时。

醒来时，他已被攻城部队抬至安全区。

听到敌七十六军万余人全部被歼，军长李日基也做了俘虏时，他张开掉了三颗大牙的嘴像孩子一样笑了。

可是，刚刚过去的这个晚上，我军也损失惨重。仅一营就换了三位营长，而张富清所在的连更是换了 8 位连长。

与张富清一起执行突击任务的另两名战士，也在跳下城墙后不见了踪影。

张富清失声痛哭。战友呢？连长呢？指导员呢？

12 月初，在西北野战军第二纵队召开的全纵队英模代表大会上，张富清夺目绽放，荣立军部一等功，被授予“战斗英雄”称号。

王震将军，亲手为他佩戴上军功章。

还不算完。总部又加授他“特等功”，并向他家里寄送一份报功书：

> “贵府张富清同志为民族与人民解放事业，光荣参加我西北野战军第二纵队三五九旅七一八团二营六连，任副排长。因在陕西永丰城战斗中勇敢杀敌，荣获特等功，实为贵府之光、我军之荣。特此驰报鸿禧。并致贺礼。”

签署这张报功书的，正是西北野战军司令员兼政委彭德怀。

1950 年，西北军政委员会颁布《解放大西北人民功臣奖章条例》，张富清因功勋卓著，被授予“人民功臣”奖章。

69 年之后的 2019 年，当三枚勋章出现在来凤县退役军人事务局年轻的工作人员聂海波面前时，职业的敏感让他瞬间心跳加快，身处小县城的这位老人，到底是多大的来头呀：

第一枚，上有“人民功臣”四个字，图案是鲜艳的五星红旗与毛主席像，为西北军政委员会于 1950 年颁发；

第二枚，上面写着“解放西北纪念章”几个字，图案是五星红旗与巍峨的群山；

第三枚，奖章正中是红五星与天安门，以及与长枪交叉的稻穗，含义为保卫祖国。

这些消息随后被曝光，老人的秘密被揭开，张富清没有感到高兴，反倒十分生气，多次责怪儿子给他泄了密。

在他生命中，最难忘的日子，也是他最愿意表述的，是 1948 年 8 月的一天。那天，三五九旅七一八团二营六连的党员们集中在一户农家的禾场上，专门为他举行简洁却隆重的入党宣誓。

一首《向大关中平原大进军》过后，庄严而神圣的仪式开启。介绍人发表意见，张富清表态并宣誓。那一天，张富清激动得泪水涟涟，郑重起誓：“如果党组织批准我入党，我一定一辈子听党话、跟党走，党指向哪里，我就打到哪里，叫我干啥就干啥！”

一句誓言，张富清用了一生作答。

2019 年 4 月 21 日，中共中央总书记、国家主席、中央军委主席习近平对张富清的先进事迹作出重要指示：“老英雄张富清 60 多年深藏功名，一辈子坚守初心、不改本色，事迹感人。在部队，他保家卫国；到地方，他为民造福。他用自己的朴实纯粹、淡泊名利书写了精彩人生，是广大部队官兵和退役军人学习的榜样。要积极弘扬奉献精神，凝聚起万众一心奋斗新时代的强大力量。”

6 月 12 日，中宣部领导走进张富清的病房，向他宣读了《中共中央宣传部关于授予张富清同志“时代楷模”称号的决定》，并颁发了奖章和证书。

病床上 95 岁的张富清，一张脸越发纯净。

魏志堂

中共党员，山西武乡人，1922 年出生，1945 年入党。1945 年参军，1955 年退伍。先后参加过抗日战争与解放战争。

■ **党员有话说**

我一直感到欣慰的是，当初毫不犹豫走上战场，用手中的枪为母亲与哥哥报了仇；今天备感骄傲的是，一个儿子与一个孙子先后成为军人，继续担负起保家卫国的重任。

倾盆大雨中那个拄杖的身影

2015 年见到魏志堂老人时，他刚刚在北京参加完纪念抗战胜利 70 周年阅兵活动不久。尽管已经过去了一个多月，他说到这一次去北京还是异常激动，根本没有想到会以老兵的身份参加大阅兵。他还说，在北京期间，国家对他们这些老兵照顾得非常好，卫生、护理，还有专车，反正是说不清的高兴。

说着说着他却话锋一转："就是觉得对不起牺牲的同志，心里非常难过，功劳都是大家的，只是有你的一小部分。"

老人的心绪，便顺着他的讲述回到从前。

"那个时候，根本不知道排长、连长、营长叫啥名字，更换太频繁了。一个班的人还行，可常常连熟悉的时间也没有。"想让魏志堂老人挖一些心灵深处的记忆，他却如是说。

魏志堂在武乡县城一个居民小区，与儿子同住。门开后，是一个中年女子热情的迎接，倒茶，聊天。后来才知，她不是女儿，是儿媳。

魏志堂 1945 年参军，1955 年退伍。从 23 岁到 33 岁，他把一生中最好的十年放在保家卫国上。他目前生活处境相对好一些，与当年退伍后直接被分配到县人民银行直到退休有关。

时间走到今天，魏志堂老人的一生可以分为均等的三段：战争、工作、退休，每一段都是二十多年时光。1938 年日军在武乡县发起九路围攻时，他年仅 16 岁，却早已是一位合格的自卫队员。那时候，他晚上掩护群众逃难，白天搞生产。他说自卫队员的任务就是扰乱日军，不让他们靠近，不让他们拿走一颗粮食。他清楚地记得，他与村民们扛着土枪土炮，翻到上司村梁上的天主教堂，硬是把冲上来的敌人打回段村。说到这里时他哑声笑了：那时候连手榴弹都是柳沟村自己生产的，有的扔出去都不响。

敌人先进的武器可以打掉一个村庄，甚至一个县城，可是打不散人心！像魏志堂一样的百姓凭着自身的智慧，协助八路军一路打过上司，打到富庄，打进县城，举着从鬼子手里缴获的二十挺机枪，红旗在高高的段村塔上迎风飞扬。

听说过消息树吗？魏志堂老人问。

课本里看到过。

他说，消息树倒了，就是麻烦来了。每次消息树一倒，他们就要掩护村民往深山里奔跑。可是，不可能每一次都是顺利的，应该是每一次都不是顺利的。

看，消息树又摇晃了，却不是风。他真切地看到，倒了，先是邻村的，然后就是他们村的。

快跑！

魏志堂老人像当年一样，急切地在我面前喊了一声快跑。我脑子里突然想到小时候，爷爷讲述当年他带着小个子奶奶，筐里挑着我大姑与我父亲往深山里快跑的故事。

爷爷奶奶们的日子，就是随时准备快跑的日子。

魏志堂的父母，当年一定与我的爷爷奶奶一样，随时扔下手头的活计、手中的饭碗，奔向大山里。

可是，他的母亲远没有我的奶奶幸运。魏志堂的母亲，就是在这样的逃跑途中，死在敌人残忍的屠刀下。

两个民兵儿子尽职地保卫着村庄，却没能保护好自己的母亲。

而让魏志堂到今天还急切地喊出“快跑”的那一天，消息树倒得更加悲壮更加不同寻常。

敌人来的时候，民兵们正在开会。其中有他当民兵指导员的亲哥哥。当时哥哥一挥手，其他人先走，尽快走！哥哥把民兵花名册揣在身上安全的地方，最后一个撤离。然而，然而……无数次从敌人眼皮下成功隐藏起来的哥哥，这一天却落在敌人手里，在自己的村庄，在熟悉的小路上。敌人如获至宝，把哥哥结结实实捆起来，准备着接下来的审问。哥哥不怕鬼子，却无比担心身上的花名册落在敌人手里。于是在路上，他瞅准时机，纵身跳进村中的水池里。

恼羞成怒的敌人急了，他们不知道，眼前这个水池其实并不太深，敌人担心这个“俘虏”潜水逃跑，举枪打死了哥哥。

魏志堂没有亲眼看到哥哥的死，印在他脑子里的，就是回村后水池里的一汪红。

那刺眼刺心的红，成了抹不掉的永恒。

魏志堂是带着满腔的红色仇恨，穿起军装的。之后，他随着八路军一二九师的步伐，一路征杀，开始了小米加步枪的日子。

魏志堂的记忆里，“成天在走路”。穿着用谷秆灰与槐花灰染色的军装，日日在走路，日日在战斗。

过年也不例外。

又一个年被战士们盼来了，原因是可以吃到肉馅饺子。魏志堂说当时以班为单位，自己包。可是有一个年，热气腾腾的饺子还没有出锅，战斗的号角已经响起。锅里可是盼了一年的饺子啊，怎么舍得丢下？匆忙中，战士们把没怎么熟的饺子匆忙盛在各自的碗里，边列队跑边就着寒风吃进肚子里。

即使下一刻死去，味蕾的满足也十分诱人。

一年三百六十五天，从来就没有脱掉衣服睡过觉。每天，一百发子弹，一个米袋，一支步枪，还有手榴弹，六十斤重的东西在身上背着。晚上也不敢解背包，就这样躺下，把枪夹在双腿间，手榴弹放在手边。

从春到冬，战士们终于打出太行山，准备挺进大别山。

1947 年，魏志堂也加入解放战争的大军中。6 月 30 日晚，黄河北岸一声号令，刘邓大军战船齐发，势如破竹，一举突破了国民党军队自以为可抵挡四十万大军的“黄河防线”，揭开了人民解放军战略进攻的序幕。

序幕打开，通往大别山的路却困难重重。

遇到羊山集。

这里，保存着魏志堂大多数战争的记忆。

羊山集是山东金乡城西北三十里处的一个大镇，背靠羊山，当时居民千余户。这里石砖房居多，东南两边地势低洼。羊山集得名于镇北面一座东西长约两千米、高四百米的孤山，远远望去犹如一只卧着的绵羊。

1947 年 6 月的最后一个晚上，刘邓大军突破黄河天险。国民党部队整编第七十师一个半旅、第三十二师两个旅、第六十六师两个旅，分别抵达六营集、独山集和羊山集，从南向北摆成了一字长蛇阵，准备阻击渡河而来的解放大军。

可是，大雨倾盆。

浪漫的雨季啊，偏偏出现在硝烟弥漫的烽火里。

年轻战士的血肉之躯，需要承载多少艰难和沉重?

连续的雨，连绵的雨，将双方军队困在泥泞里。许多时候，战士们只能躺在战壕中的泥水里，一动不动。

就是这个时候，魏志堂见到了刘伯承。当日的情景，今天依然历历在目。他说，刘伯承拄着一根手杖，带着疼惜的眼光出现在战壕里。泥泞中看不到他穿了什么样子的鞋，就那样挺立着给战士们鼓劲打气。那么大的首长近在眼前，浑身满是泥水，炯炯有神的目光给了战士们坚定的信念。那一天，刘伯承还带来西瓜，他的手有力地挥在倾盆大雨里："吃过西瓜，我们打过羊山！挺进大别山去！"

当时的魏志堂不知道，站在他们面前的刘伯承，带着一只伤眼，拖着一条伤腿。他炯炯有神的目光，不是出自他的眼球，而是发自他的内心。从1913年开始，年轻的刘伯承就转战巴蜀，十余载岁月里五次绝处逢生，成为闻名的川中名将。后来，他毅然与旧军队决裂，加入中国共产党，跨出人生中重大抉择的一步。彼时，他挺立在连绵的雨里，谁知他三十年前丰都之战失去一只眼，大足之战险丢一条腿？

今天，还有多少人能忆起1947年那个7月？又有多少人知道1947年那个7月？在羊山集，那么多战士泡在雨里，为脚下的土地展开一场又一场鏖战；有一位伤痕累累的将军，他二十四年前重伤过的右腿浸在雨水中依旧会痛。怒了的雨，急一阵，缓一阵，始终不停歇。交通、通信、吃饭都成了问题。

只有子弹在飞，一直在飞。

魏志堂说，他同一个班的战友，就是在这场战争中，就是在这样的雨里，被一颗子弹击中。“他紧紧与我挨着，就倒在我的胳膊上。”魏志堂说，“轻轻把他扶到一边，说不出来啥心情。”冰冷的雨里，一切都是冰冷的，可他那刻分明感到一股热，从战友的身体里流出来，传遍他的周身。

雨水，瞬间变红。

这红色让他想起家乡，他的村庄，那个被哥哥染红的水池。肩并肩的战友与当年的哥哥一样，成了另一个世界的人。

魏志堂至今想来心里酸酸的。战友来自河北武安，生前挨在他身边，死后贴在他身上。雨水里看不到眼泪，战场上不相信眼泪。他记得当时轻轻把战友推开，猛地端起枪。

一切都来不及，包括难过。

27 号，天气放晴。下午六时三十分，部队发起总攻。瞬间，野炮、山炮、迫击炮交织着怒吼着，火龙似的射向羊山主峰。

极度疲惫的羊山最后挺立起伤痕累累的身躯，怒吼着迎接了连续 28 天作战之后的胜利。刘邓大军以歼敌四个整编师共六万余人的战绩，收复了鲁西南地区。

刘伯承兴奋之际，激情赋诗：

狼山战捷复羊山，炮火雷鸣烟雾间。

千万居民齐拍手，欣看子弟夺城关。

8月，刘邓大军分三路挥师南下，开始了千里跃进大别山的壮举。中国革命这一“历史的转折点”，魏志堂至今说来总觉得能参与其中是幸运的。

魏志堂的伤，也是在这场战争中落下的。炮弹炸响，他的胳膊上、腿上、手上都挂了彩，被送到山东治疗。他庆幸自己比武安的战友幸运一万倍，尽管带着伤残八级的身体，却好好地活到今天。

当时经过短暂的治疗后，他很快回归部队，投入南下大别山的队伍中。

今天的魏志堂老人，还有少许弹片残存在胳膊里。他说天阴时会发痒，但不疼了，指头筋也不对。不过他说这是七十年前从战场上携带到今天的印记，也让他时时铭记，那么多战友在他眼皮底下失去生命，他需时时为他们送去另一个世界的祝愿。

儿媳妇说，老人是多年以后才走出战争的。之前从来不在他们面前提。后来随着岁月流逝，老人内心的伤痕或许慢慢减轻了一些，也或许是害怕后辈忘记？有时他会把孙辈们叫到身边，给他们讲曾经的这些故事。

魏志堂老人骄傲地说，现在他的二儿子是军人，在南京军区；儿子的舅舅也是军人；还有一个孙子是军人。他从来不后悔自己走上战场。他一直备感欣慰，用自己手中的枪为母亲与哥哥报了仇。

倒在他怀里的那位武安战友，也可以安息了。

魏志堂老人这年已经94岁了，他越来越感到孤独。他说当时他的村庄与他一起穿起军装的有20多人，现在却只剩下他自己。

时而开心，时而难过；不想回想，却时时要回想。

采访要结束的时候，魏志堂工作过的银行有关人员上门，给他送上一套抗战胜利70周年纪念币。这个曾经近距离接触过刘伯承、给彭德怀站过岗的老人将纪念币捧在手里，开心而不安地说：“还给我送东西，又给我送东西？”

预习笔记四

新中国成立，全国上下百废待兴，同时面临国民党残余破坏、匪患严重的形势。彼时，以美国为首的西方国家从政治、经济、军事上向中国发起打压。1950年6月25日朝鲜内战爆发后，美国派第七舰队侵入台湾海峡。新中国的安全遭到严重威胁。

“打得一拳开，免得百拳来！”

1950年10月19日，志愿军第十三兵团奉命向朝鲜境内开进，彭德怀指示，在安东和辑安两个渡口，部队利用夜色掩护，秘密渡江。

彭德怀元帅率领的中国人民志愿军第十三兵团，成为最早跨过鸭绿江的队伍。

渡江，渡江！到达朝鲜后，渡江依然不断。比如抗美援朝中的英雄部队，也是第十三兵团中的四十军，参加过“云山阻击战”。多年后，当时四十军一名战士——郑培根回忆当初：“十月的朝鲜，已经下过了几场大雪，温度已在零下好几度了。江里已经结了一层薄薄的冰凌，一脚踏上去就会陷到江里去。为了早点把敌人堵住，切断他们逃跑的去路，我们的战士已顾不得这么多了。战士们冒着零下严寒，连棉鞋也来不及脱掉，就跳入江里去。好在这条江的水并不深，涉水过去还可以。不然的话，我们个个都会变成‘冰冻人’了。但是这条江的江面很宽，至少有五六十米，涉着寒冷的江水过去也是相当困难的。下江才一会儿，棉鞋、棉裤便湿透了，大家冻得两脚像猫咬似的难受极了，每前进一步都十分艰难。有的战士为了较快地渡过对岸，不慎滑到江里去，全身湿透了，那个滋味才难受呢。但是谁又顾得这些？大家只有一个念头，就是赶紧过江去，尽快把敌人堵住、消灭掉。”

刘兴华 中共党员，山西平遥人，1933年出生，1952年入党。17岁参加抗美援朝，为上甘岭战役中的报务员，荣立二等功。

■ 党员有话说

只要守护着一条大河，就是守护着不老的青春，不死的激情，不灭的火焰，内心就永远有一个热血上甘岭。

“我是黄河，向我开炮！”

86 岁的刘兴华几乎失去了听力。他说，当年上甘岭战役时，平均每秒会有六枚炸弹落下来。再好的听力，也要落下后遗症。

好在，他的记忆力超强，思维、表述清晰，看着纸上的问题，一条条讲述。

他的童年在抗战中度过，然而这不是他最苦的事。刘兴华的爷爷在重庆银行做保管员，死于日军轰炸中；叔父是驻平遥守军的一名警卫连连长，在保卫平遥战斗中牺牲；父亲在平遥一个村庄做老师，因宣传抗日救国被杀。

刘兴华的内心，刻着对侵略者的仇恨。

1949 年，刘兴华在平遥上初中一年级。新中国成立后日子虽然安定了，但新课本却迟迟不能到位。十几名学习成绩好的同学便聚在一起商议，这样下去，将来如何考大学？

不如，一起到太原上学吧。

这个建议，刘兴华举双手赞同。他的学习成绩非常好，在当老师的父亲教育下，他6岁就能认识并写出500多个字，遗憾的是7岁时父亲被杀，家里还有小他6岁的弟弟，母亲带着兄弟俩的生活可想而知。他不得不早早成为家里的顶梁柱。因有良好的功底，他在学校学习非常轻松，一直是班长。为了帮助母亲，课余时间他就从一位摆小摊的本家叔叔那里“借”出一些纸烟，到街上卖，贴补家用。决定到太原上学后，他更加争分夺秒地上街卖烟，赚取到太原的车费及初期的生活费。

7月，他与十几名同学从平遥出发，坐上到太原的火车。他们知道，太原当时最好的中学是进山中学，于是先到这里报了名。他记得清，这里初二年级共招收两个班，100多人，报名人数就达500多人。为了保险起见，他们同时又报考了山西国民师范学校。

在山西国民师范学校考试时，刘兴华只考完语文、数学两门课便退出了，原因是考场秩序混乱，考生互相抄袭而老师并不制止。

分数很快出来了，进山中学500多名考生中，从平遥小村里来的刘兴华竟然高居榜首。校长很快找他谈话，希望他安心在本校上学。他提出一个要求，那就是能不能给助学金。校长笑了，告诉他：第一名，一定有助学金。

没想到的是，紧接着山西国民师范学校也派了一名老师来找他。原来，在只考过的两门课程中，刘兴华依旧是第一名。因为数学满分、语文第一而引起学校关注，成为备取第一名。他依然问派来的老师，有没有助学金？对方说这是师范学校，国家都管。

但刘兴华想了一下，还是选择了进山中学。

学校给他的助学金，是每月70斤小米，一张理发票，以及一张洗澡票。

“吃饭问题就解决啦！”刘兴华很满足，愉快地投入新环境的学习中。他记得学校的学习条件很好，老师也好。住的宿舍大概有15平方米，是用木板搭建的床铺，四五个同学一间。每天可以吃三顿小米饭。早餐是稀饭加小米干饭，土豆白菜，一两个月可以吃一顿肉菜。对于刘兴华来说，已经非常满足了，因为在平遥，他只能吃高粱面糊糊，偶尔吃点菜，还是从菜市场捡回人家扔掉的烂叶子。

除了吃饭，买书及生活用品还是需要钱的，于是他每到休息日便走上街头，到一些修房盖屋的工地寻求一份短工做。因为个子矮力气小，起初人家不用他，但他向人家保证，他有的是劲儿。因为执着，慢慢便讨下一份和泥、抬水的工作。

“每天大概可以挣几毛钱吧。”他想了想说。

这些钱，他一毛毛攒起来，做生活必需费用。

八月十五到了，同学们都取出月饼吃，他便躲出去。

寒假到了，他写了一封信让同学带给母亲，说自己要留在太原，继续打工挣钱。许多工地的人认识了他，有时候一个工地的用水他都包了。一担水挑不动，他就挑半担，一毛钱一毛钱积攒着自己的生活费。

一年多时间，他没有在太原这座城市的街头逛过。最奢侈的时光，是在找不到工作的时间里，跟着一名同学跑到人家姨姨家玩。他说那名同学的姨夫是一名日本医生，日本投降后没有回国，留在太原开了诊所。但他没有见过那名日本姨夫，只见过长得漂亮的姨姨。同学们到家里后，漂亮姨姨就给他们泡茶喝。几位同学便围坐在一张小桌子边，聊天说话。

那是刘兴华第一次喝茶。

1949 年 10 月，学校成立了新民主主义青年团，刘兴华成为第一批青年团员。荣誉面前他不敢骄傲，而是更加努力学习，并带头打扫卫生，帮助食堂洗锅刷碗。

那时候的刘兴华并不知道自己将来的方向，内心的理想只有一个，那就是毕业后考一所大学，成为一个有用的人，尽自己的最大努力让国家强大起来，不再受外人侵略。

没想到这样的学习仅仅持续了一年，中朝边境燃起战火，抗美援朝运动展开。刘兴华心中的怒火也被迅速点燃。于他而言，美帝国主义与当年的日本人一样，都是可恶的侵略者。

“我要去朝鲜！我要打敌人！”

又是全校第一个，刘兴华报了名。

事实却未能让他如愿。体检结束后，他因身高差一厘米、体重差一公斤被淘汰。

这个结果让刘兴华无比委屈，他不服，跑到进山中学书记办公室说情。书记说这是部队的标准，他也没有办法。吃饭时间到了，刘兴华就是不走，哭着解释，说身高体重不达标主要是因为家里穷，缺乏营养。如果能到部队，就会吃饱肚子，一年后必然会超过标准。他的这番“道理”最终打动了校长和书记，他们特意到军校招生办公室，告诉招生负责人刘兴华学习成绩优秀，政治立场过关，表现积极。更关键的是，他一家三口人死在日本人屠刀下，若上战场必然是个好兵。

招生负责人最终被打动，破格收下刘兴华。

那是 1950 年 12 月 8 日。他与战友们在柳巷饭店吃了丰盛的一餐后，又去柳巷照相馆拍下一张照片。崭新的军服左胸，是“投考军校”四个醒目的大字。

随后，刘兴华与其他 600 多名学员一起，进入华北军区通信学校培训，期限两年。没想到 4 个月后因朝鲜战争需要，总参通信兵部向这个班要 20 名报务员。经过考试，达标 18 人。

刘兴华，又是第一名。

刘兴华很快以报务员身份上了前线。身高体重都不达标的他稚气未脱，却率领了一个小分队，包括他在内共 21 名报务员，背着 21 部小电台，雄赳赳气昂昂跨过鸭绿江，跋山涉水前往陌生的战场。

亲历才知战争残酷。他眼睁睁看着，只一两天，战壕内 100 多人的连队便剩下十几个人。于是，又一个连队补充上来，再配一名报务员。

他说，看不到恐惧，看不到退却，一双双年轻的眼眸里，只有火，只有钢，只有剑。

“长江长江——”

“我是黄河——”

影视剧中常常听到的这句话，便是刘兴华当年的工作。

“向我开炮——”

关键时候，他这名年仅 18 岁的小战士更是在阵地中手举发报机凛然向指挥部发出这样的请求。那一次，他突然发现阵地下方二三百米处，正有一个营的敌人匍匐着。

危急关头，他大义凛然，要求战友向着自己的方向开炮。因为只有这样，才能消灭敌人。

在朝鲜战场的日子里，他与战友们英勇作战，但一起赴朝的 21 名报务员却有 12 名牺牲。最初通过封锁线时倒下 3 名，战争过程中中弹的有 5 名，还有 4 名因缺水而喉咙发炎、溃烂死去。

当时他们在前线，后勤处天黑后给他们送一次饭，天亮前送一次饭。行军路途中要时而爬行时而卧倒，因此是无法带汤水的。也因此，战士们面临的最大的困难就是缺水。

“洞内的墙上会渗出水，我们就把嘴靠上去吸。”可是，远远不够。口渴难忍，战士们便喝自己的小便。可是喝不到水，小便也少得可怜。久之，便喉咙发炎，溃烂，甚至失去年轻的生命。

时隔 70 年后，刘兴华不动声色地讲述着，声音里却透着不声不响的疼痛。

“人民功臣”、功勋报务员刘兴华，到了孤独而无声的暮年。曾经的战友早已天各一方，更有许多人已陆续离开这个世界。可那些青春而英勇的面庞，总是要在他面前摇摇晃晃。他们在猛烈的炮火中爬到高处修复炸毁的天线，他们趴在战壕内嘶哑地发报，他们不幸中弹倒下……

聊以慰藉的方式，便是每天起床后洗漱毕，推开窗户，大声高唱：“一条大河波浪宽，风吹稻花香两岸……”

这套位于大楼 32 层的临河新居，是他两年前卖掉老房子专门换来的，只为换取窗外一条大河。

窗外的大河，并非滚滚的长江，而是静静的汾河；河两岸迎风而动香气散溢的，并非稻花，而是含苞待放的迎春花与桃花。

于刘兴华而言，有这条河，就够了。只有面对一条大河，一股豪气才会在他心底不灭。只要“一条大河”声一出，青春的力量，脚下的热土，便要交替滚烫翻腾在他的心房。

这首《我的祖国》，是刘兴华最喜欢的歌曲，没有之一。理由也非常简单，这是电影《上甘岭》的插曲。

几十年间，生命中的过往记忆来来去去，唯有一种苦涩的幸福、血性的青春潜藏内心，荡气回肠，犹如大河浩荡。

走过人生八十余年，刘兴华终于住到一条大河旁。守护着这条河，就是守护着不老的青春，不死的激情，不灭的火焰。

预习笔记五

1984 年 1 月，邓小平乘坐“宁明号”军舰离开深圳前往珠海视察。在船上，老人家听完时任广东省委书记谢非的汇报后，说出了那句震撼世界的名言：“发展才是硬道理。”

这个春天开始，深圳模式开启，并迅速向全国辐射出新一轮改革开放的活力。转型升级，高新技术产业迅速铺开，中国特色社会主义建设之路，巍然开启。

李双良

中共党员，山西忻州人，1923年出生，1955年入党。闻名全国的冶金系统“爆破能手”，联合国环境规划署“全球500佳”金质奖章获得者，进入“100位新中国成立以来感动中国人物”候选名单，当选“新中国成立以来最具影响的劳动模范——时代领跑者”。

■ 党员有话说

不要国家一分钱，只要一个治渣权！即便退休了，我仍然是一名共产党员，照样要为党干！

“愚公”移走一座“山”

金鱼戏水，荷花绽放；亭台假山，小溪绿草。有女子行走在清澈的小溪旁，有老者高高站在城墙上瞭望，有孩童欢叫着与游鱼嬉戏。

这是一座特别的花园。说它特别，是因为它的前身是一座巨型钢渣山。

20 世纪 80 年代，一座体积达 1000 万立方米、最高处有 23 米的大渣山，高高矗立在山西省会城市太原。这是一座来自太钢的“山”，由建厂 50 年来源源不断排放的钢渣累积而成。

太原这座城市的风，大多从西北方向呼啦啦而来。因而那个年代，整个太原的角落，渗满特殊的钢味。

形势逼人。太钢提出两种设想，一是将排完的渣子用提升机再往上推，继续提升渣山高度。这显然行不通。第二种方案，是开辟第二渣场。

彼时，太钢的钢、铁年产量均已突破百万吨，排渣量日渐增大，即便批了新渣场，汽车运送难度也极大。专门修铁道，必须横穿一段市区，所需投资更大。更重要的是，源源不断的污染，何日到尽头？

搬掉渣山，迫在眉睫！

万众瞩目下，即将退休的李双良站了出来。

渣山如战场，那个时刻，李双良就是英雄啊，危难之中挺身而出，比钢铁还挺拔！

1983 年，大年初三下午。无数人还在温暖的家里享受天伦之乐，或者奔跑在欢叫的鞭炮里。李双良却迎着呼呼的西北风，豪迈地走出家门。

咚咚咚——公司总调度李洪保的家门，被他敲开。两人坐在年味里。对方递过一根烟，他递过一份材料。

“好方案！好方案！”看过之后，李洪保拍案叫绝，拍疼了腿，也拍出一地烟灰。

李双良当众拍了胸：“不要国家一分钱，只要一个治渣权！”太钢上下被震动了！

1983 年 3 月，太钢公司同李双良所在的加工厂签订了治渣承包合同。这是太钢走改革之路后的第一个专业承包合同，也是山西省国有企业第一次经济承包责任制方案。

李双良，正式扛起治理渣山大旗。

他豪迈地只要一个治渣权，是因为心中有数。之前，他就利用每个星期天，带着儿子一次次丈量渣山。多日实地勘察后初步估算，整个渣山大约有 1840 万吨废渣可开采，预计有 36 万吨废钢可回收，按当时市场价 200 元 / 吨的价值计算，可得 7000 万元以上，足够支付治理渣山费用。

可是，外界还是传来不同的声音，比如“李双良想发财了”，“纯粹是出风头了”等等。

李双良的回应，掷地有声，也是那个年代的人特有的声音：“即便退休了，我仍然是一名共产党员，照样要为党干！”

闲言碎语，被他抛在脑后，一头扎入治渣工作中。

废渣的去处是大事。他发动身边的人四处奔走，终于在太原市东山找到一条大沟。经与村干部协商，给村民细致耐心做工作，对方同意将废渣倒入沟里，之后再覆盖厚厚的黄土，把大沟变成良田耕地。运输工具不到位，他又多次跑到太原市交通局北城管理站与运输四公司求援，讲解搬渣山的意义与改变太原市环境污染的好处。最终对方被他执着且一心恢复碧水蓝天的心愿打动，很快帮他组织了郊区农民、汽车、手扶拖拉机、平板车等人力及工具。

1983 年 5 月 1 日，无论对李双良，对太钢，还是对太原市，都是一个非同寻常的国际劳动节。这一天，以李双良为首的承包治渣队伍浩浩荡荡开进渣场，震天动地的排炮声拉开治理渣山的序幕。

太原的北城，要换天空。

第一个月下来，太钢人奔走相告：运走废渣 8 万多吨，回收废钢近 40 万吨。

沸腾的人群后面，唯有李双良是沉静的。他早就发现，废渣运往东山大沟里，速度慢，费用大。

暑天，一晃就到了。一顶旧草帽，一辆破自行车，他跟着城市垃圾车满城转。转来转去，最后转到滨河路。他发现，这里正在加固汾河坝堰，需要大量的填充垃圾。他兴奋极了，立即找到工地负责人。对方提出要先看样品。他汗都顾不上擦，转身返回渣场，背来满满一挎包废渣。

这一挎包废渣，换来又一份合同。此后的近百万吨废渣，只运费一项就节约了 47 万元。

李双良依然不满足。搬走渣山的同时，他要最大限度搞创收。之后他组织职工自己动手，用废料做成四个可以边装车边选出废钢的装车漏斗，效率比过去雇用装渣铲车提高了 9 倍，年节约 36 万元装车费。

“垃圾是放错地方的资源！”盘算的过程中，他在北京一家钢渣水泥厂看中一种对筛选中小块废钢铁效率很高的磁选机。机器价格贵，他就再一次带领职工“照葫芦画瓢”，最终成功鼓捣出 4 台磁选机！

上磁化炉，安装破碎机，将高炉渣破碎后代替石子铺路，用钢渣制水泥砖……被判了死刑的废渣中，源源不断地被他用亲手制作的“宝贝”们挖出一件又一件另外的宝贝。

旧渣解决了，新的废渣却仍在产生。站在渣场仰望，那些冲天而起的渣尘仿佛一个个影子在追逐李双良，搅得他吃不下饭，睡不稳觉。

如何能把倒渣时扬起的粉尘控制在一定范围，让钢城和市区的居民不再吃尘土？

1986 年一个大风天的早晨，他像以往一样早早来到渣场，正赶上一列拉渣火车在渣线倒渣。随风扬起的渣尘把太原市整个北部的天空搅得混混沌沌，也把他呛得喘不过气来。就在他躲到工棚后避风的间隙，看着天空猛然悟出一个道理。于是又跑出来，像孩子一样兴奋地弯腰抓起一把渣土，扬向天空。果真，废渣荡起的尘土达到一定高度后，很快安安稳稳落下来。

他跑回办公室，抓住党支部书记李允宪的手急切地问：

“甚样的墙最高?”

“城墙。”

“有多高?”

“三丈六。”李允宪丈二和尚摸不着头脑，“问这做甚?”

“那我们就修个三丈九的城墙，把渣尘挡住。”

“这么高的墙，地基能吃得消?”

“把整个渣场围起来，需要多少钱呢?”有些人摇头，有些人吃惊。

但很快，李双良精细、独到的方案就赢得职工赞成和领导支持。他像大寨人做梯田那样，将防尘护坡分为三层，科学解决了地基问题。护坡所需的 120 万吨土方全部用废渣代替，所需的 20 万块水泥砖用废渣与水泥制作。最终，一座高 13 米、宽 20 米、长 2500 米的防尘墙建成后，不仅没花一分钱，还净赚了 28 万元。

昔日无法近身的渣山，竟然变成一条长长的漂亮护坡。李双良与他的团队又精心在上面修建了假山、喷泉、亭榭与长廊，在梯田状的护坡腰间栽下树种了花。

太原的北城，换了模样。

英雄李双良有什么要求？他提出，必须把两句话刻在护坡两侧，一句是“团结就是力量”，另一句是“群众是真正英雄”。一个英雄团队，被铭刻于此。

1988 年夏天，一位联邦德国炼钢专家路经这里，被眼前威武壮观的城墙与花香吸引，连忙叫司机停车，拿着照相机快步登上护坡。他怎么也没想到，一座钢铁企业中竟有一座别致的花园，而这座美妙的花园里，竟有一个排渣场。此情此景，让他忍不住站在高处喊：“中国人，了不起！了不起！”

从 1983 年至 1990 年，七年风霜雨雪，七年风雨兼程，在他一双手的挥动下，一双又一双手加入进来，最终变成一支浩荡的大军，一层层绕渣山而上。那些顽固的坚硬的钢渣，最终在搏斗中败下阵来，挪开沉重的步伐，离开这座本就不属于它们的城市。

渣山走了，不仅变成一座占地 0.52 平方千米的花园，还拣出宝贝 1.4 亿元。李双良一次次站上这片土地，百感交集，热流从心湿到眼。

腾出的 1.48 平方千米沃土上，太钢盖起 22 栋职工宿舍，建起一所小学，以及一所当时山西省设施条件第一流的中学。这所中学 2007 年被太原市教委特别命名为“双良中学”。还建起可安置几百名残疾人就业的福利厂房和一座福利大厦，以及太原市第一流的职工文体活动中心和一批办公场所、库房。两条平展展、油亮亮的厂区公路干线，也在这片土地上延伸出去。

那些参与过渣山搬运的人们，总要忍不住前来看一看，瞅一瞅，走一走，找一找。可左瞅右瞅，左踩右踩，无论如何都找不到曾经的影子与痕迹。

曾经的庞然大物，灰飞烟灭；渣山，成了历史。

1986 年 5 月 12 日，《人民日报》以《当代愚公搬山记——记太原钢铁公司共产党员李双良》为题，报道了他的感人事迹。从此，“当代愚公”成为李双良的代名词，传遍大江南北。

1987 年，李双良获全国“五一劳动奖章”。

1988年6月5日，他被联合国环境规划署授予“为人类生存环境作出贡献的全球五百佳”称号，一枚金光闪闪的“全球500佳”金质奖章挂在他胸前。

中国大地上，李双良成为获此殊荣的第一人。

1990年1月22日，时任中共中央总书记江泽民到太钢考察，留下题词：“学习李双良同志一心为公、艰苦创业的工人阶级主人翁精神，把太钢办成第一流的社会主义企业。”

1993年，是治渣十周年。太钢组织专家对渣厂进行了一次评估，渣厂创造的经济价值达到了2亿元。按照国家有关政策，太钢决定将其中的10%，也就是两千万元奖励给功高无比的李双良。

这个天文数字砸向李双良，也打破了李家的平静。

选择了一个日子，李双良郑重地召开家庭会议。那一天，家中的空气格外凝重。全家人不知话从何说起，便一言不发，等着李双良做决定。一阵沉默后，老人给家人们撂下一句话：这钱咱不能要！

原因是：“苦是大伙儿受的。我拿了这钱，以后没法和太钢的弟兄打交道。”

看李双良的神情，已经是拿定了主意。他的家人，何尝没有想到老人的抉择，因此并没有感到惊讶，只当是突然吹来了一阵狂风，两千万元意外飞来，随即又远去。

面对这些荣誉，李双良依旧是一句话："这都是大家努力的结果，我李双良纵然浑身是铁，又能打几个钉！我能有多大能耐，不就起了个蒸馍肥头（酵母）作用？"

李双良精神，从此成为太钢的魂，山西的魂，中国的魂。1993 年，李双良半身铜像迎风而立；2003 年，门前的路正式命名为"双良路"，而渣场的大门命名为"双良门"。

李双良三个字，从此深深嵌进山西这片土地。而时时像邻家爷爷一样行走在渣山公园的李双良老人，一张笑脸分外灿烂，脸上那一条条纹路里因凝结着曾经的诸多不易与智慧，而充满动人的温度。

段爱平 中共党员，山西长治人，1956年8月出生，2000年入党。最美村干部，“感动中国”2013年度人物。

■ **党员有话说**

村民需要钱，村里需要钱，我必须给！用钱地方太多，不能总是伸手问政府要吧？而孩子们，到时候给他们留一个伟大的妈妈，就够了。

给你们留一个伟大的妈妈

段爱平算是典型的“文盲”。十五年村干部任职期间，她努力学会写五个字：“段爱平”“准支”。

说是写，其实是一笔一画描。每次写字时，她都非常认真。写完还要好好笑笑，好好看看。五个字在她眼里，非常神圣。

这样的人在村里被人称为“没文化”。而她当村干部已经到了第十六个年头，依旧还是个只会写五个字的“没文化”的人。

这个“没文化”的村干部，却是700多人村庄的“大家长”。

2015年春天，走进段爱平所在的山西省襄垣县返底村时，她正患感冒，在很暖和的屋子里裹着厚厚的棉衣，不敢轻易从院中出去。看到进门的我们脱下大衣，她一个劲阻止，说天气很冷。

其实这一天恰是立春，外面阳光明媚，屋里的炭火也很旺盛。我知道，她的感冒很重，所以一直觉得冷。

屋里坐着几个村民，还有一位村干部。段爱平正安排一件重要的事，那就是给村民们发过年福利：每户二斤猪肉，另加一袋大米、一袋白面，还有一桶食用油。

“全村共有 207 户人家，一共 714 人。”大字不识的段爱平对这两个数字张口就来。重要的是，发福利并非是以村委会的名义，全部费用均由段爱平个人承担。

“差不多要 6 万块钱。”段爱平告诉我们。

为什么要个人出钱呢？

“村里账上一分钱也没有。”段爱平说。自从她 1999 年当上村干部后，给村民发福利年年如此，已经成了习惯。2014 年，将近 60 岁的段爱平被村民选举为第六届村党支部书记兼村委会主任，新的担子面前，她又开始了新一届的习惯与责任。

这天下午，段爱平接到不少电话，其中有几个说的就是给村民过年发福利这件事。她每次都认真叮嘱，要什么牌子的，多少重量的，什么时间送到。放下电话，她还一个劲地说，有一年就搞错了，说好的是每袋100斤的白面，送来却发现是50斤的，害得后来临时又添买。白面大米食用油之所以要叮嘱牌子，是怕买回来的东西质量不好，“让村民们吃着还骂上”。而给每户的猪肉，都是从附近村里收来的家养猪，现杀现分。

这些细节，段爱平必定要亲自出面，即使一一叮咛解决似乎也不是太放心。

与我们说话时，段爱平的手一直按着肚子。她说感冒只是小事，现在的她其实浑身是病。晚上常常一整夜一整夜失眠，有时一狠心吃下20片安眠药，竟也不起作用。

“想什么呢?”

“唉，村里事情太多了，越想越清醒。”段爱平说到这个话题时满脸愁容，“睡不着还头疼，我就使劲左右拍自己的脑袋，嘴里说着让我睡一会儿，让我睡一会儿吧!”

在座的几个村民说：“段书记天生就是操心的命，谁家房子坏了，家里有了红白事要用钱了，谁家孩子老大了还没对象，谁在外干了活讨不到工钱，哪个病了住不进医院又没钱付治疗费，甚至谁家两口子打架闹矛盾了，她都要出面。”

说话间，另一位村干部提着十几个灯泡进来，让段爱平看过，把余下的两块钱找给她。段爱平大笑：“两块钱还找我？”

马上要过年了，各项开支多起来。段爱平说，她刚刚从家里拿出5万元打到村里的账上，为的是给几位村干部发工资。她说，年终上面给的拨款一共是35000元，但一年来给村民们支付的劳动工钱就需要34000多元。不能伸手向公家要钱。

不仅如此，连村里每户人家近200元的有线闭路电视费，她都不说一声就给全部交了。

每户200元，207户需要多少？段爱平淡淡地说，三四万元吧。

这时，站在灶台边专门赶来照顾段爱平的大女儿笑了一下。

段爱平曾经确实有钱。

20世纪90年代，为贫困生活所迫的她自寻出路，通过卖铁货淘得第一桶金；此后又通过往高平铁厂卖焦炭发家致了富，成了当地远近闻名的大“富婆”。1999年，段爱平无偿捐出 5 万元，资助修缮即将坍塌的学校，被村民们“强制”选为村委会主任。被逼上村干部道路的段爱平从此挑起返底村的所有困难与责任，多年来修学校、建养老院、安装变压器、治理河道、硬化路面、资助村民，等等，把辛苦打拼来的 100 多万元全部奉献给村里。

“这两年，大家给我捐了差不多四五十万元。”段爱平说。最美村干部段爱平的事迹感天动地，看到一心为公的她不仅疾病缠身而且过着贫困的生活，全国各地的好心人纷纷给她捐赠。

而这些钱，她却全部拿来补贴村里。

“村里用钱地方太多，你不能总是伸手问政府要吧？”这就是段爱平的理由。这里三万元，那里五万元，别人给她的钱，很快就让她这么给了人。她说，为此也有人说以后不给她捐了，所以到了手里的钱，她越发谨慎。

她做不到不给村民钱，却能做到不给儿女钱，借都不肯。她的理由是，儿女们借了肯定不还。

给了村民们不也不还吗？她答不上来，想了半天，说村民们可怜，需要。

而儿女，她觉得至少从小让他们吃饱穿暖了，没受苦，现在日子也都能过得去。

所以，“是真舍不得给!”那个下午，她多次向笔者强调这句话。

给自己，更舍不得。时任山西省委宣传部部长胡苏平曾送给段爱平一件大红色的衣服，理由是看她参加“感动中国”2013年度人物颁奖时身上穿的一件大红色衣服特别好看，想再送她一件。可段爱平拿到后说真没法穿，“一看衣服就很高档，自己常常灰头土脸干活，怎舍得上身?”

给自己买衣服时，一问价格上了三百元，总是扭头就走。“一百来块钱还差不多。”她的身上，翻来覆去就那么几件衣服，她说这样才舒服。

不舍得给孩子们钱，逢年过节却要坚持收下儿女们孝敬她的钱。

“攒够1000元，就放在那里，准备派用场。”段爱平说。

她生病了，人们去看望她，牛奶、营养品送去一大堆。女儿问她：“妈，我能不能拎一箱牛奶回去给孩子喝?”段爱平一口拒绝了。村民们来了，她却大方地把各种食品饮品打开分给大家，剩下的，她全部提到商店，换成钱备用。

这么一个大方的人，却一直住在村委会。自2013年7

月家里的窑洞被雨水冲塌后，段爱平就没了家。第二年，段爱平终于把塌掉的房子修好了，却也只是一个连门窗都没有的空壳子。以前的破旧家具还在空荡荡的屋里保存着。

2000 年，段爱平因严重的胆管结石切除了胆囊；2006 年，因食道癌切除了整个食道中段；2011 年，癌变转移到淋巴，化疗烤电让她的脖子看上去如烧伤一般。现在，她的后腰上摸上去有两个明显的包，用她自己的话说“肚子也长偏了”。晚上她一来失眠，二来因肾脏也有了问题，要起夜四五次。

这一切，都是因为几次手术后提前出院工作，没有好好调养造成的。

“身体这么不好，怎么还要继续当村干部，继续辛苦呢？”

“返底村已经离不开段书记了，说实话就是家里孩子要上学，也需要找段书记解决。”一个村民说出心里话。

真的不想留点钱给孩子们？

她毫不犹豫地说：“我常常给他们讲，到时候给你们留一个伟大的妈妈，就够了。”

“伟大的妈妈”段爱平，时时担心自己的身体，她极怕在新的三年任期内不能给百姓办好各种事情，甚至担心没有钱不能按时兑现每年给村民的福利。

聊天间隙，段爱平想起有一叠关于法制方面的宣传画需要贴出去，安排之前，她先仔细翻“看”了半天。尽管她一个字也不认识。

晚上看电视，人们看着节目一阵阵发笑。段爱平坐在凳子上自言自语：那是说什么呢？有人赶紧给她念字幕，她听了便也跟着笑。

“没文化”，一度让她的工作遇到艰难与坎坷，也曾有不服气的村民。然而一届一届选举，段爱平总是以高票当选。

春节要到了，段爱平又被一件事折磨得睡不着觉，那就是在村里开服装加工厂，她从床上被子下面找出一张小纸条，上面写着合作伙伴的电话和村名，也是第一批服装加工对象。渠道有了些眉目，而厂址、人员、培训、管理等等诸多事项都还没有落实。

她眉间有些许愁容，又要忙了。

最近与她通话，是 2021 年 8 月 18 日，才知道她不仅继续担任返底村的党支部书记、村主任，更成为六个村近 4000 人的党总支书记、村主任。原来，2020 年 6 月，返底村和普头村、井关村、原庄村、安宁村、安德村合并成立为一个大村，段爱平给新村起了新名字：红星村。她说，就和闪闪的红星一样，多响亮呀！

一边说着“好累呀，昨天一口饭不想吃，晚上躺下一动也不想动”，一边又欣喜地告诉我，村里成立了文化园，占地面积达 700 平方米的群众文化活动中心、小杂粮加工厂也即将竣工。

看不到她的人，却看到红星般闪耀的光芒。

预习笔记六

中国特色社会主义跨入新时代。

2013 年 4 月 8 日，海南琼海潭门渔港。习近平总书记走进佑业均等多名渔民中，询问他们去南海捕鱼是否安全。

习近平强调，小康不小康，关键看老乡。

两年后的 2015 年 11 月 27 日至 28 日，中央扶贫开发工作会议在北京召开。习近平总书记强调，消除贫困、改善民生、逐步实现共同富裕，是社会主义的本质要求，是党的重要使命。全面建成小康社会，是对全国人民的庄严承诺。

犹如曾经的烽火岁月，脱贫攻坚这场特殊战役全面拉开帷幕，冲锋的号角响彻四方。全党立下愚公移山志，向脱贫攻坚战发起冲击，目标是到2020年所有贫困地区和贫困人口全面迈入小康社会。

在这场伟大的战役中，数百万扶贫干部倾力奉献、苦干实干，同贫困群众想在一起、过在一起、干在一起，将最美的年华无私奉献给了脱贫事业；1800多名同志更是将生命定格在脱贫攻坚征程途中。

2021年2月25日，全国脱贫攻坚总结表彰大会隆重召开，庄严宣告脱贫攻坚取得伟大胜利。

一场特殊的战争，锻造出“上下同心、尽锐出战、精准务实、开拓创新、攻坚克难、不负人民”的脱贫攻坚精神。这一精神是中国共产党性质宗旨、中国人民意志品质、中华民族精神的生动写照，是爱国主义、集体主义、社会主义思想的集中体现，是中国精神、中国价值、中国力量的充分彰显，赓续传承了伟大的民族精神和时代精神。

全面建成小康社会，取得成就。巩固拓展脱贫攻坚成果同乡村振兴有效衔接成为工作重心。全党全国各族人民依然以永不懈怠的精神状态、一往无前的奋斗姿态，昂扬行进在第二个百年奋斗目标的路上！

韩永政

褚存拴

褚存拴 中共党员，山西娄烦人，1953年出生，1991年入党。山西省太原市娄烦县天池店乡河北村支部书记。

韩永政 中共党员，山西娄烦人，1976年出生，2006年入党，山西省太原市娄烦县天池店乡河北村扶贫工作队队长。

■ **党员有话说**

我们只想扎根乡村，靠着一双手、一颗心，让福星高照老百姓，让老百姓安居乐业，让村庄在阳光大道、小康路上乘胜前进。

双臂合力，花开河北

河北村，与河北省无关，缘于村子处于天池河的北面而得名。

从娄烦县城一路向东，行驶到镇城底交界处再向 30 度西斜方向而去，便是天池店乡。果然这里的公路下面便是一条河滩。与很多河流一样，天池河已失去往日浩荡的样貌，只留下流水的痕迹。天池店就处在这片土地的中间位置。

河北村地处 104 省道沿线，高高的门楼阔气地耸立在村边，一条长长的街巷通向对面山下。两边房舍一律是白墙、灰砖，干净整洁，又不落俗套。

村干部，粗手绘制振兴图景

河北村党支部书记褚存拴，算是从远方回来的。20 世纪 70 年代，20 多岁的他便外出闯荡。直到 1986 年，在外奋斗了大约十年后，褚存拴回到河北村，在村民的支持下当选为村委会主任。

那时，村里的百姓刚从原村址半山腰迁到山下的平坦处，避开了多年来河水带来的威胁。河也改了道，之前的河槽成了荒滩。

褚存拴的“乡村振兴”计划，就是从治理这片荒滩开始的。那是 20 世纪 80 年代末。河北村土地不多，好多在梁上，离村庄较远，再加上霜冻、旱涝等自然灾害，种庄稼的成本高，收益差。一片长长宽宽的滩荒着，不如利用起来。当时，河北村联合周边几个村子发起“大会战”，展开一场声势浩大的“千亩滩”战役。他们用水泵将河里的水引到梁上，将干燥的土浸湿，让它化成泥流下来。村民再一锨锨将泥土装入车内，拉至荒滩。就这样一丈一丈挖掘，一米一米推进，河北村由荒滩改造的土地达到了 300亩。

褚存拴出生于 1953 年，这年已经 67 岁，在村干部这个位置上已足足干了 33 年。这个年龄在村里，早该是带着孙子靠着墙根晒太阳的老人家，他却依旧风风火火，大踏步奔走在村子发展的大路上。

一直琢磨要干点啥的褚存拴，于 1994 年开启了河北村的商路。一个砖厂、两个占地 40 亩的小焦化厂同时开建。焦化厂产量不大，每年两三万吨，却解决了村民的就业问题。那段时间，厂里上班的，搞餐饮的，跑运输的，村子一下活了起来。周边的村民也纷纷涌向河北村。

1958 年出生的冯平玉就是那时候在村里开起饭店的。他记得，当时两个焦化厂和一个砖厂就有一千多名工人，饭店生意很好。

村民有了活干，村里红火起来，褚存拴的心愿也实现了。没想到 2003 年，因国家开始大力进行环境整治，两个焦化厂由于规模、技术不达标，不得不关停。不过，他很快又联合外援力量，对厂子进行了扩建，上了新的生产线，年产量一下子达到了 60 万吨。

“不过 2008 年奥运会一过，效益就不好了，坚持到 2011 年，就停产了。”褚存拴今天说来依然很遗憾，“主要是受市场经济冲击。”

全村的担子再次压在褚存拴肩上。其实他的脚步一直没有停止过。他知道创业的关键是要自己手里有技术，因此不断外出取经寻宝。种香菇、养种牛、建电站，他都一一问询过，也尝试过。“想让乡亲们不出村，就能过上相对富裕的日子。”褚存拴知道，要想让村子获得长远发展，还需谋划一盘更大的棋。

执掌村中事务30多年，不可能一帆风顺。他形象地比喻说要到达10公里外的地方，路上有拐弯了，不平坦了，得自己把石头搬掉。

从根本上改变一个村，而且要一年一年，一步一个脚印地坚持下来，不是一件容易的事。但河北村的变化，周围人都看在眼里。那天在村办公室，他掰着指头一一数来，在任的33年时间，县委书记换了四五任，乡党委书记一口气能数出八位来。

当年与他同龄的小伙子现在早已经坐在阳光下享受天伦之乐了，当年的小毛娃也已人到中年，他依然像战士一样奋战在前行路上。他说，很感谢村民对他的信任。他能回报的，就是以百倍的辛苦加努力，让河北村一年比一年好，最终找出一条适合河北村发展的大道来。

“让习总书记放心，让福祉惠民，让老百姓福善安康，让河北村在阳光大道、小康路上乘胜前进。”褚存拴一口气说出这么多，似乎还想说很多。

他需要一把力，让心里那盘棋活起来，走下去。

扶贫工作队，巧手铺就小康大道

关键时刻，扶贫工作队进村了。

那是 2015 年 8 月。娄烦县中小企业局下属供销公司经理、“70 后”韩永政受命进驻河北村，担任第一书记。

韩永政是娄烦本土人，农家孩子出身。只是没想到自上学、工作离开村庄多年后，有一天会再回归这样的生活。

本地土生土长，让韩永政与村民的距离快速拉近。跟着他进村，他跟每一个碰到的人打招呼。昨天的人，今天的事，他随口就能问出来。村里人对他，神情语气也如邻居般淡然、熟络。

韩永政，俨然成了村里人。

河北村在很多方面优于别的村庄，褚存拴与他的好搭档——去年刚退下来的村支书冯补明 30 多年来的努力功不可没。河北村的瓶颈，在于尽快捋出一条清晰的、长远的发展之道。

韩永政知道，就如同一个到了中年的人，经不起从头再来，只能尽快在现有的资源及基础上进行精准定位。况且，河北村有基础，有资源，也有优势。

然而那时候，村子发展的方向尚不明晰。对于老百姓，一些关键政策还不能完全落实到位。

“很多人外出打工，一些长年不住人的院子里长满了草。”韩永政犹记得他初来时的村容村貌。于是他扎下来，一条条梳理。在村子现有的基础上精心把脉，找定位，寻发展。

2015 年，村里有 52 户贫困户，共 173 人，年收入均低于 2720 元。一本本档案，韩永政接手过来，整整齐齐摆在他那间办公兼住宿的屋子里。

村子发展，关键是人的思想要转变、行动要跟上。第一件事，他便瞄准了强化村级党组织建设，不仅精心组织了“不忘初心、牢记使命”的主题教育，规范开展“三会一课”，还建立完善了“主题党日 +”活动等多项制度，使村里的党组织生活规范化、正常化。村里开办了“脱贫学堂”，将贫困户召集在一起，讲解扶贫政策，传授脱贫技能，传输外界信息，老百姓开了眼界，打破了守旧、坐等的观念，逐渐由“要我脱贫”转向了“我要脱贫”。

一户一户人家进入，了解；一条一条巷子走过，熟悉；一片一片土地丈量，规划。找准大方向，须从小细节着眼。改变一个村，得从每个村民入手。

老党员褚变虎居住的窑洞老化严重，老人却不愿离开，子女也无奈。韩永政多次上门劝说、沟通，并向村里协调准备好宅基地，终于将老人妥善安置；村民王散清因患胃癌基本丧失了劳动能力，帮扶单位娄烦县农行职工立即为其捐款3万余元，韩永政又帮助王散清妻子找到一份月收入近千元的保洁工作。村中水井因洪水冲刷不能使用，韩永政又与扶贫队友一起，利用驻村帮扶资金开挖排洪渠并更换管道300多米。

干活不怕累，想办法也不难，怕的是遇上村民不理解。村里改建厕所，村民不理解；尝试一些扶贫项目，村民不理解；打造文旅小镇，村民不理解。

一次，两次，三次，韩永政带着队友与村“两委”班子，一户户深入百姓家做工作、讲政策、绘图景。真诚的行动，耐心的沟通，清晰的讲述，终于得到村民认可。

一年又一年，一个个项目就这样渐次落地；一户户人家就这样慢慢脱贫。

如今，韩永政及扶贫工作队队友们居住的小院门口，悬挂着“山西四季风古国旅游开发有限公司”“云栖谷项目指挥部”两块牌子，相关的工作正在如火如荼推进着。

韩永政住宿兼办公的房子里，几排贫困户档案上清晰地写着每一户的名字。随手抽出一本，翻开，是冯海亮、赵文英夫妇，他们育有一儿一女，还照顾着两位老人（其中一位有长期慢性病）。该家庭属于一般贫困户，致贫原因为“缺资金与土地”。经各级帮扶，2019 年，他家共获光伏发电收益 2000 元，合作社收益分红 900 元，低保 5388 元，养老金 2964.84 元，新农合参合补贴 1500 元，脱贫奖 2000 元，临时救助 1050 元，共计受益金额 15802.84 元；另外还报销了医疗费用 28290.77 元。列表中，临时救助一项的 1050 元，是老人生病就医 3000 多元中自费部分的补贴。

而另一项“脱贫奖 2000 元”尤其引人注目。问及，才知这是一项特别设立的“自主脱贫奖”，是从“扶贫要扶志”这个角度出发设置的一项奖励。他们知道，如果老百姓不能真正从内在产生动力，自觉动起来，再有力的帮扶也没有用。家庭年收入中如果自身产业达到 60%以上，就说明自己在想办法，有了主动性，值得奖励。

村子里，哪位村民做了心脏支架，哪家的孩子考上大学得到大学生补助，哪家享受到“雨露计划”，韩永政像讲述自家的事情一样门儿清。

“去村里转转吧。”看完资料，我们走出去。村里街道、大门口，聚集着三三两两的老人、孩子，也有年轻人。这些年轻的面孔让人惊喜。意外的是，村里竟然有学校，这在当今的小村庄里几乎是一道罕见的风景。推门而入，年轻的张艳华老师在。不巧的是学校上午刚刚考完试，放暑假了。

学校里一共有五个孩子，其中三个上一年级，两个上二年级。张老师说只有一个是本村的，其他四个都来自邻村。张艳华是2017年通过“三支一扶”计划考入天池联校的。孩子们少，但毕竟是两个年级的学生。张老师不仅身兼多门课程教师，还要负责管理学生的生活。“像家教一样。”张老师给自己做了准确定位。

这样的教学生涯，张老师没有知难而退，反倒嫁了过来，成为河北村的媳妇。今天，她以学校老师与河北村媳妇的双重身份向我介绍着这些孩子，表示哪怕以后只有一个孩子来上课，她都会以规范的教学方式继续下去。

在村中继续行走，一个“轰趴小院”进入视线。“轰趴”是英文“Home party”的英译发音，指的就是家庭派对。没想到在一个山乡里还有这么时髦的事物。推门而入，一个大大的院子，院中有秋千、树根雕制的木凳。墙边的烧烤设施前散落着一些灰烬，也残留着前一拨客人未散尽的余温。宽敞明亮的房子里，有沙发、床，也有厨卫，有家的温馨感。房子里另配有音响设备，可以唱歌。同行的白焕萍介绍，村里的“轰趴小院”是这年“五一”启用的，可提供吃住玩一条龙服务。食物以烧烤为主，可自带食材，也可在村里购买。小院以包场形式租用，分为上午、下午及夜晚三个场次，费用分别是上午、下午各 300 元，夜场 400 元，时间长达四个小时。

白焕萍说，自开业以来，周五到周日每天最少有 100 位客人，从太原来的也不少。而在去年 4 月 22 日到 24 日的“首届乡村文化旅游节”期间，接待人数更是达到了 12000 余人。

韩永政五年前入村时长满荒草的院子，就这样被利用了起来。目前，村里共利用农户闲置房屋 40 户共 102 间，开辟出“农家小院”5 户 20 间。

白焕萍与张艳萍一样，也是从吕梁嫁过来的媳妇。端庄大方的她，现在已经是两个初中生的妈妈，在村里的游客接待中心工作。对村里的发展与现状，她非常清楚。一旁的韩永政笑着说：白焕萍嫁入也算人才引进呢，她与老公上学时相识，之所以嫁过来，一是觉得老公人好，二来也是觉得咱们的村子好。

一路走着，韩永政又带我们敲开一户人家的后院门，原来这是 20 世纪 90 年代便开起饭店的冯平玉家。不大的院子里，五大盆土豆粉正晾晒着，迎接着一场“土豆宴”。院子前面是超市，后面是二层楼，楼上可住宿。每间房子少则四张床，多则五张床，接待外来的游客，也接待附近做活的工人，比如附近电厂的维修人员。

冯平玉今年 63 岁，然而与村书记褚存拴一样，看上去比实际年龄年轻很多，让人不由得叹服河北村的水土真好。他当年高中毕业后回村种地，打下粮食卖不掉。后来盖了粉房，之后又做豆腐，做酱油，温室种菜，直到 20 世纪 90 年代开了商店与饭店。那正是村里两座焦化厂和砖厂项目上马的时候，夫妇俩及时抓住了商机。其间，村里也有好多人陆续开了超市，但最终还是只留下了冯平玉一家。他说毕竟只是一个村，没有那么多需求。想来，他能取胜的原因还在于经营方式与服务理念的与时俱进。

冯平玉的三个孩子都已成家，并且都常年住在省城里。夫妇俩守着一座院子，以及他们的事业与人生。

每个村民讲述的时候，韩永政都在身边适时地做着翻译与补充。村里的一桩一件事，都凝结着他的汗水、心血与智慧。村里有起色，他开心；村民日子有转变，他更开心。

五年来，韩永政与扶贫队友一起，坚持采取“因户施策、一户一策”的方式推进脱贫攻坚。村民褚存生家人多地少，全家五口人一直靠种植土豆、打零工维持生活。扶贫队员了解到褚存生有香菇种植技术时，市、县两级帮扶干部及时协助其办理扶贫小额贷款 5 万元，种植起了香菇。2016 年出售香菇 2 万斤，纯收入达 1.5 万元。2017 年扩大规模，香菇产量翻了倍，纯收入达到了 6 万元。

为彻底改进村里面貌，扶贫工作队员又带领村民铺设路面、管网、排污管网、排洪渠，建深井、公厕；打造出健身广场与停车场；栽植苗木 3000 多株，绿化荒山坡 40 余亩；整村改造厕所 106 户，煤改电 161 户；引进“三人行”军事拓展训练机构，并合作建设了“河北村红军东征路户外拓展训练营”；建起水貂养殖基地，引进种貂 500 只；建成肉牛养殖小区。140 千瓦光伏发电站于 2017 年 5 月并网发电，年收益达 10 万元，带动贫困户户均增收 1000元。

最主要的是，韩永政率领的扶贫工作队与村“两委”班子在深度梳理及深思熟虑后，明确了村子定位，将河北村推上乡村旅游发展的快车道。

云栖谷小镇成为省级乡村旅游示范村项目，并及时落地。村子后山腰，一座庙宇出现在眼前，这便是村支书褚存拴多次提到的能给村子发展带来好处的娘娘庙。

娘娘庙占地1000多平方米，为娄烦县文物保护单位。近年来，每年农历三月十八庙会时，十里八乡的村民都会赶来，日均人流量可达一万人次。

进入娘娘庙内，顺着韩永政的手一指，院中两棵粗壮而别致的榆树出现。韩永政说，他给它们起名为“龙凤榆”。果然，其中一棵根部是一株，长到半腰却分了叉，缠绕在一起；另一棵自根部起就是两枝，自下缠绕而上。

“我想在对面山上种一片桃林，春天，桃花满山。”两株缠绵的榆树还在心里没有落下，韩永政又一指对面这样说道。那是河北村老窑洞的方向。他说，桃花开的时候与三月十八庙会时间差不多，届时希望满山桃花能助力庙会活动更加丰富，更加有内容。这个创意，是他2017年在四川文旅系统一次培训中得到的启示。他说，走到哪里，都在寻找河北村可借鉴的做法与创意。

甚至连一些相关的文创产品，韩永政脑中都有了构思。

“韩书记是文化人，有想法，一些项目对老百姓有利，对村里有利，比如与四季风进行合作。”褚存拴这样评价韩永政。如今，娄烦县是脱贫攻坚先进村、山西省首批3A级乡村旅游示范村、山西省精神文明示范村、国务院扶贫办脱贫攻坚成就和经验推广典型村、全国乡村旅游重点村……处在深山沟里的河北村，正以飞翔的姿势，脱颖而出。

今天，走过整洁的白墙灰砖一条街，“云栖谷创意文旅小镇”的宣传牌树立在村子后面，其“一孔窑洞一种文创、一户农家一种美食、一室村舍一种珍藏、一面墙体一种涂鸦、一条街道一种景观、一座厕所一种印记”的创意格外耀眼，这就是即将盘活半山腰旧村废弃的110眼土窑洞的晋西北风情旅游项目，让人异常期待。而村民，也早早做起准备。在对口扶贫的市商务局安排下，采取“走出去”和“请进来”的方式，村里开展了多次培训，包括烹饪、餐饮管理、礼仪等。

2020年7月9日，文化和旅游部、国家发改委联合确定的第二批拟入选“全国乡村旅游重点村名录”上，赫然出现了“太原市娄烦县天池店乡河北村”的名字。

这个天池河北面的村庄，正以精心的准备，为即将到来的腾飞整装待发。

冯　毅　中共党员，山西临汾人，1981 年出生，2004 年入党。2015 年 8 月至 2020 年 7 月，受山西省住建厅派驻，任河曲县前川乡南也村扶贫第一书记；其间，2017 年 7 月至 2020 年 4 月兼任该村党支部书记。2020 年 7 月至今，任河曲县委常委，巡镇镇党委书记。

■ **党员有话说**

大学期间入党，觉得党员的称号就是一项荣誉。工作之后尤其是五年扶贫过程中，才真正懂得党员的初心与使命，那就是俯下身子，为百姓做事。

心锁解禁路

34 岁的冯毅不会想到，在他工作七年之后，生活与事业会发生惊人的转折。

2015 年 8 月，他受所在单位山西省住建厅派驻，赴忻州市河曲县前川乡南也村任扶贫第一书记。

8 月的天气，正炎热。13 日这天，他与其他扶贫队员一起，驾车经过六个多小时长途跋涉，到河曲县城展开为期两天的集中培训。15 日，在乡党委书记带领下，他第一次向南也村行进。

曲曲弯弯的山路，越走越远，越走越偏。然而他内心还是抱着一种憧憬。出生在城市的他，完全没有经历过乡村生活，即将到达的村庄，该是影视剧中看到的样子吧？那是他即将工作几年的地方，尽管陌生，内心却感到亲切。

大概50分钟车程，南也村到了。在村口，他见到村主任，跟着进入村庄。

冯毅没想到的是，呈现在眼前的村庄完全是一派荒凉的景象。到处是杂草、污水、垃圾，连人们身上穿的，都是破衣烂衫。关键是村民态度冷漠，精神状态极不好。擦肩而过的村民，相互间冷冷的，没有一句话。

那是上午十点钟，天气炎热，他却没感受到一丝暖意。

村主任带他到了村委会院外，却没有进去。从门上锈迹斑斑的锁来看，这里好久没来人了，院内也是杂草丛生。冯毅在村中走了一圈，牛车、坡地、沟壑，像极了老家临汾20世纪80年代的情景。

找一个老乡家，简短开了个会，算是欢迎他这个扶贫书记入村。

午饭是回到乡政府吃的。饭后，冯毅开车返回太原。他的内心，说不上什么感受，之前的想象全成了泡影，满脑满心只有两个字：凄凉！

失望之余，冯毅内心又燃起希望。这样的村庄，或许期待他来改变。

精心设计了服务指示牌，以及200多张民情联系卡，上面写了自己的名字、手机号、五项工作职责、派驻单位等信息，一周后他信心满满地上路了。

进村时间是午后一点钟。他选中村供销社，悬挂服务指示牌。从窗户里望进去，七八个村民正在打牌。他冲他们笑笑。然而当他刚刚将牌子挂好时，打牌的村民们却冲了出来，将他挂好的牌子扯下来，撕烂，扔在地上。

边砸边骂："又来个第一书记，肯定是个黑干部！"

冯毅被这突如其来的阵势惊呆了，他想找他们理论，更要问明为什么。然而那些人竟一齐围拢了他，将他推倒在地。

冯毅爬起来，想回那个杂草丛生的村委会，这些人却一齐将他向村外推。无奈之下，他带着一肚子委屈、怨气与气恼，坐进车里，发动了车子。

路上，他才发现腕上那块他珍爱的手表在倒地时摔坏了。一路没有停留，他向家的方向返回。尽管告诉自己这不算啥，可他的眼泪还是不由自主地流了下来。从小到大，他何尝受过这样的屈辱？一腔热血而去，竟在几个村民面前落败而归。

这个扶贫书记的活，不干也罢！

晚上七点多，他直接到了单位。

见到领导那刻，泪水又忍不住下来了。听完他的讲述，领导先是安慰，继而鼓励，告诉他当时正是经过全面考量，觉得他具备处理各种复杂事务的能力，才将他派往一个情况复杂的村庄。

领导的一番话，让冯毅心态慢慢稳定下来。随后，几个同事又相继给予了他鼓励。

省城夏日的风，透出丝丝凉意。冯毅站在星空下，大口呼吸了一阵家门口的新鲜空气，做了一个义无反顾的决定，那就是不回家，连夜返回河曲。

凌晨三点，他到达县城，找了一家宾馆住下。次日一早起来，匆匆吃过早饭，找超市买了一些食用油，回到南也村。

冯毅什么也没说，一家家上门送油，包括前一天推打他的几位村民家。人们得知他返回太原又连夜赶了过来，似乎有些感动，不再赶他出村。

冯毅走进村委会，铲除杂草，收拾出一间屋子，住了下来。

夜来得很快。寂静的山村，静得让人忐忑，暗得让人恐惧。想到村子的民风，冯毅拒绝了到村民家吃派饭，决定自己做饭。可是，他连火都不会生。

再加上担心夜里发生意外，就请了一个比较憨厚的村民，跟他住几天。这位村民花了两天时间，手把手教会他生炉子。

可以烧水了，夜里可以用热水泡泡脚了。做饭，其实村民也不拿手，加上他急于想了解村里的情况，便干脆吃方便面。

南也村最大的矛盾，主要集中在一口赖以生存的水井上。这是村中唯一一口吃水的井，深 550 米。村民说，井中的水清澈、甘甜，都是地下水，而今却被四把锁严严实实锁起来，已经长达 8 个月。村中两百多名村民，竟然一直靠水窖里积聚的雨水维生。河曲的干旱是自古有名的，早年正是因为“十年九不收”，才有了一户户人家妻离子散的“走西口”。

冯毅了解到，水窖的存水，最多能吃半年，因此好多村民不得不跋涉到外村挑水。

是谁上的锁？一家家打听，才知第一把锁是水井管理人员上的。因为水井太深，取地下水需要用设备操作，因此放水时间过后，这把锁便看管着井，以及水。

这把锁，是以管理的名义锁的。

第二把锁，是水井管理者的“不公平”行为所致。赵姓村民说，因为与水井管理者有矛盾，他常常取不到水。管理者只要远远望着他挑着水桶从山坡上下来，便上锁离开。一次，忍了；两次，忍了。然而反复几次之后，他无法再忍受，干脆拿来一把锁加上：“这水我吃不上，你也休想吃。”

第三把锁，来自村中一户刘姓人家。上锁的原因，是怕别人“破坏”水井。因为这口井是当年本家一位县领导多方奔走协调跑出来的。

三把锁把持着一口水井，村里老百姓便谁也吃不到水。愤怒之下，又有一位村民以看热闹的心态加了一把锁，“你们锁，我也能锁!”

好多村民反映，之前的水井管理者并不好好行使职责，首先是每天没有按规定的时间放水，其次是只要看到与他有矛盾的人过来，就故意锁了井离开。

多年积怨，最终以四把锁断了生命之源而收场。四把锁的主人，最大的 81 岁，最小的也 60 多岁了。

家族矛盾，派系纷争，弥漫在这个偏僻的小山村。

冯毅懂了。四把锁，其实是一村人的心锁。

吃了两天方便面之后，冯毅再也咽不下一口了，甚至不能再闻到方便面的味道。他打电话给妈妈，咨询简单的饭菜做法。

第一顿饭，他炒了一盘土豆丝，一盘西红柿鸡蛋，就着一碗口感不是太好却是自己亲手焖熟的米饭，长长松了一口气。

工作，生活，他迈出第一步，前方的路程却艰难无比。

水井打不开，何以脱贫？

开启四把锁，成了冯毅驻村第一等大事。他无法忘记，村中 86 岁的老党员赵九居拉着他的手说：“冯书记，我已经很长时间没吃上水了。”

相继找四把锁的主人做工作，他们却都憋着一股劲儿，“他们开我就开”。

无奈之下，冯毅想到当初的“挖井人”——83 岁的老县长。他打听到老县长的住址，专门跑到县城去请人。老县长毕竟是老县长，对此事早有耳闻，立即动身跟冯毅回到村里。

没想到的是，面对德高望重的老县长，南也村吃水的恩人，四把锁的主人竟也不改主意，其中，还包括老县长的本家堂弟。

老县长挥泪愤而离开，回县城一病就是一个月。

怎么办？冯毅只好从一家家的儿女入手，展开漫长而细致的思想政治工作。

而这期间，他还要想办法解决百姓的吃水问题。到外村找到送水人，对方说一车三百块钱。他说，送！他带着满载水的三轮车进村，全村男女老少都早早提着桶等在村边，包括那四把锁的主人。

这场面让冯毅觉得，解锁有望。然而送过四次水后，送水人却拒绝再进村，缘由是他接到刘姓村民的电话，告诉他不能再往村里送水了。

当冯毅执意带着三轮车拉着水进村时，遭到了一刘姓村民粗暴阻拦，并骂他多管闲事："你这做法是小瞧南也人呢！"

没水，不开锁，不让送水。这样的思维，让冯毅百思不得其解。

四把锁的主人年龄都大了，子女们有在本村生活的，也有在政府机关工作的。然而不管是什么行业什么职务，沟通起来都异常吃力。

冯毅想不通，眼看父母长期吃不上健康的水，却硬着心肠不愿意说服父母打开那把锁。这样的情况，闻所未闻。

一个月，两个月，由夏到秋，直到深秋。

冯毅跑得最多的一家，大概二三十趟；跑得最远的地方，远在大同。

铁石心肠，也会被感动吧，何况大家都清清楚楚看在眼里，这个从大城市来的年轻人，实实在在是为村里着想，点点滴滴都是从南也村的实际出发。

2015 年 11 月 10 日的一天，令冯毅最难忘。整整三个月了，他用最笨的办法，最大的耐心，终于换来成效，四把锁的主人答应，早上九点在水井旁集中，统一开锁。

深秋的九点钟，阳光开始暖起来。这是近一年来全村人最欢欣的日子。有人兴奋，有人激动，有人已经挑来水桶；也有人依旧抱着看热闹的心理，远远地冷眼旁观。

果然，他们反悔了。

指责，争吵，僵持。时间一分一秒过去。太阳从东方，慢慢爬向头顶，又偏西去。一村人始终等候在水井旁，没有人回去吃中午饭。

一直到下午四五点钟。

忍无可忍，劝无可劝，冯毅愤怒了："村里水井问题解决不了，我回去都哭了。连一口水井都解决不了，你们怎么脱贫致富?！我把老婆孩子扔家里大老远跑到这里，图什么?！"

冯毅叫得委屈，吼得愤怒。终于，现场安静下来。终于，有人开口了：

"不要哭！"

"我们配合！"

四把钥匙，一一交至冯毅手里。

全体村民拥了过来。

"开了！开了！"水井的大门一打开，冯毅率先清脆喊出痛快的两嗓子。

几个字，喊出三个月来积压在心头的担忧与怒火，喊出对南也村未来的期望。

水井的锁打开了。然而要赢得村民信任，让村民真正静心走上脱贫路，还有很长的路要走。2016年初，冯毅便将村中通自来水的规划上报，之后多方奔走协调。

“哈哈哈，比井水还甜！”11 月 24 日，哗哗哗流淌的自来水在每一家院中出现。这是周边第一个通上自来水的村庄，一直落后于别的村庄的南也村民，开始昂首走路了。

然而，村民们之间的矛盾并没有彻底消失。2016 年底，冯毅用扶贫资金为村中 38 户贫困户买了 170 多只羊。没想到在分羊的那天，却有人指挥七八名非贫困户冲进分羊的卫生院，公然抢羊。场面再一次混乱起来。

解释，沟通，都无果。“两次都没有分成。”冯毅说。

最后，冯毅只好将门锁上，亲自在门口把守，让其他扶贫队员与村委在屋里分羊。

夜来临了，他却不敢睡，与几名贫困户一起守在现场。天一亮，他便挨家做工作，不厌其烦解释。整整两天，终于做通了老百姓的工作。

“太难了！”冯毅感慨，“也太复杂了。”

针对村主任与村民间的矛盾，2017 年大年三十，冯毅出其不意，把村主任带到与他积怨最深的两个村民代表家。

“场面非常尴尬，因为意外。”冯毅说，但他之所以敢这么做，是觉得不管是哪个中国人，都看重这个节日。不到万不得已，谁都不会在大年夜挑起事端。

果然，尴尬过后，是礼让，是寒暄。

一场酒，化解了久积的矛盾。年一过，他便趁热打铁，带领村“两委”班子给百姓一家家拜年。久违的文化传统，在南也村再次出现了。

2017 年 7 月，村主任在冯毅的带动下，光荣加入中国共产党。

之前，冯毅已经按村民的愿望，对村里的古戏台进行了修缮。农历二月十九，是传统庙会日。

这一天，冯毅又在村民意想不到的情况下将山西晋剧院请了去。那几天，380 名户籍在南也的村民，回村参加庙会的达到 350 人。加上周边的村民，村人流量达到 1000 人次。

“我活了这么多年，没在村里见过这么多人。”村中一位长者拉着冯毅的手感慨地说。

2017 年 8 月，冯毅扶贫第一书记的第一个任期结束，意外的是，南也村民联名请求他留下。2018 年 5 月，住建部借调冯毅到北京工作，他依然选择留任南也村。2019 年 8 月，第二个任期结束后，所在单位省住建厅党组找他谈话，希望继续留任做好收尾工作，他同意了。

南也村民的素质，一天天提升；南也村的发展脚步，一天天快起来。肉驴养殖、高标准谷米种植、光伏发电、特困安置点、村容村貌治理……五年时间过后，南也村发生了翻天覆地的变化。百姓人均收入从他到任时的2200元提高到12800元。

冯毅自己花在南也村的钱，就将近40万元了。

2020年，冯毅被列入山西省委组织部年轻干部“墩苗计划”名单。这一回，他依然选择了最基层，选择了去河曲县。

目前，冯毅的新职务是河曲县委常委、巡镇镇党委书记。他的办公室，常常有南也村村民出现，他们来办事，或赶集，总要顺便看看他们的冯书记。

预习笔记七

革命、建设、改革，不平凡的百年历程中，中国共产党始终保持着强烈的文化自觉与担当，始终将文化建设工作放在重要位置。

自古以来，中国就是文化古国，文化大国。不管是战火纷飞的年代，还是现代化建设进程中，即便是走上小康之路的今天，文化建设一刻也没有停止，始终向着文化强国之路迈进。

从1942年毛泽东在延安文艺座谈会上的讲话，到2014年习近平总书记主持召开的文艺座谈会；从当初的“二为”方针，到改革开放后的“新二为”方针，再到中国特色社会主义进入新时代，在坚持“二为”方针基础上提出的“坚定文化自信”，文化，一直是时代发展的重要组成部分，是团结与教育人民、打击与消灭敌人的有力武器。

中国共产党人，始终在古今中西之间融通中国文化的历史、当代与未来。

文化建设，始终是中国共产党前进道路上的有力武器。

习近平总书记在党的十九大报告中指出，要坚持中国特色社会主义文化发展道路，激发全民族文化创新创造活力，建设社会主义文化强国。

而播撒文化的人，便是“肩负着启迪思想、陶冶情操、温润心灵的重要职责，承担着以文化人、以文育人、以文培人的使命”的人，也是“有‘望尽天涯路’的追求，耐得住‘昨夜西风凋碧树’的清冷和‘独上高楼’的寂寞，最后达到‘蓦然回首，那人却在，灯火阑珊处’的领悟”的人。

文化，让人有了灵魂。而“一个人拥有灵魂才有前进的动力，遇到困难时才不会迷茫；一个民族拥有灵魂才有前进的方向，才能在发展中砥砺前行”。

有了文化自信，才能文化繁荣，才会有中华民族的伟大复兴。

贺敬之

柯　岩

贺敬之 中共党员，山东峄县（今属枣庄）人，1924年生，1941年入党。先后任文化部副部长、中宣部副部长、文化部代部长等职。代表作有新歌剧《白毛女》，诗歌《回延安》《雷锋之歌》，歌词《南泥湾》等。

柯　岩 中共党员，河南郑州人，1929年生，1956年入党。历任中国儿童艺术剧院艺术委员会委员，《诗刊》杂志副主编，中国作家协会书记处书记等职。主要作品有诗歌《周总理，你在哪里》；长篇小说及同名电视连续剧剧本《寻找回来的世界》等。

■ **党员有话说**

崇高是我们的信念，也是我们的理想。我们愿意走在早晨的大路上，唱着属于这道路的歌。因为光明和温暖正在这大地上开始，这里正在开辟，正在手创……

携手高歌的革命伴侣

贺敬之：行走在早晨的大路上

作家石祥写过一首散文诗《贺敬之是一首诗》：

贺敬之是一首诗。

一首读着读着就站起来的诗，一首吟着吟着就吼起来的诗，一首品着品着就蹦起来的诗，一首一口气读完自己也成了诗的诗。

贺敬之是一首诗。

一首蘸着泪与火写出来的诗，一首咬着爱与恨迸出来的诗，一首从骨子里冒出来的诗，一首从血管里流出来的诗。

贺敬之是一首诗。

一首为人民鼓与呼的诗，一首为时代吟而唱的诗，一首与民族同呼吸共命运的诗，一首与祖国同忧患共苦乐的诗。

贺敬之是一首诗。

一首从小八路到诗帅的诗，一首跨越两个世纪的诗，一首从领袖到百姓都爱读的诗，一首从国内到国外均闻名的诗。

贺敬之是一首诗。

他的诗和战斗融在一起，就成了冲锋的号角；他的诗和祖国融在一起，就成了放声歌唱的人民的儿子；他的诗和雷锋融在一起，就成了一代楷模；他的诗和桂林山水融在一起，就成了甲天下的一道景致。

贺敬之是一首诗。

他的诗和锦绣山河连在一起，就有了庄严的分量；他的诗和这块土地连在一起，就有了永恒的价值；他的诗和革命历史连在一起，谁也抹杀不了；他的诗和最广大的人民群众连在一起，将惠及千秋，流传百世。

诗一般的贺敬之，随着他一首首经典的诗，从20世纪40年代风靡到今天，且将一直持续下去。

贺敬之这个名字，是一出生大祖父就给起好的。然而他的家境太贫寒，从小便过着饥寒交迫的日子，也因此家中曾想过让他当厨师、教堂修士，为的就是可以早早挣一些生活费。

然而最终，家人还是克服一切困难，满足了贺敬之强烈的求学愿望。

家境的贫困，再加上社会的动荡，贺敬之的求学路跌跌撞撞，从山东到湖北，再到四川，在流亡中拼命追寻着一扇又一扇知识的大门。

路途的艰难更点燃了贺敬之旺盛的诗意火花，1939年，年仅15岁的他在《华西日报》发表了散文处女作。紧接着重庆《中央日报·平明》又刊出他的散文《失地上的烽火》。这一年，他的诗歌处女作《北方的子孙》也在成都的《朔风》发表。

少年贺敬之一边写作，一边扎在各种进步书堆里。慢慢的，革命的种子在他心底发了芽。

也因此，他与志同道合的几位同学受到国民党三青团监视。但年轻的学子们自有对付的办法，他们已经被一团火般的信念点燃，那就是要去延安这个圣地。

机会很快来了。1940 年 4 月的一个傍晚，诗友李方立匆匆找到贺敬之，神秘地拿出一本杂志，竟是胡风主编的《七月》。翻开看内容时，贺敬之突然被一则招生简章吸引住了，这则招生简章，竟然是鲁迅艺术学院的。

夜。
——西北的苦涩的长夜……
狼，
火红的眼睛啊，
燃烧在夜的丛莽。
…………
黑色的森林，
漫天的大幕；
猎人跃进在深处。
猎枪像愤怒的大蛇，

吐着爆炸的火舌。

而我们四个，

喘息着，摸索向远方……

“我们四个”，就是贺敬之、李方立、吕西凡、程芸平。他们拿着想方设法搞来的路条、假通行证、学校证明信，用了假名字，奔走在荒凉的山道上，他们要去“那边”，他们要上鲁迅艺术学院。

四十多天，徒步跋涉两千余里，山路的崎岖挡不住一腔信念，四个青年来到西安八路军办事处。就是在这里，贺敬之第一次放开肚子吃了平生第一顿饱饭。在等待到延安的时间里，他们又惊喜地见到当时在鲁迅艺术学院任音乐系主任的冼星海。四个少年缠着冼老师，请他给大家上音乐课。

十几天后，四人通过审核，又意外地与董必武、吴玉章、徐特立几位革命前辈一路同行，一起往延安去了。

又是八百里崎岖山路的奔波，梦寐以求的圣地出现在眼前。土窑洞，煤油灯，欢笑声，小米饭，南瓜粥，炒白菜，遥远的梦想终于成真。

笑在脸上，泪在心里。

瘦小的贺敬之穿上了一套肥大的军装。

“我要考鲁艺！”迫不及待，贺敬之执着地说出自己的心声。此时，鲁艺刚刚由“鲁迅艺术学院”更名为“鲁迅艺术文学院”。吴玉章为院长，周扬为副院长并主持工作。

贺敬之只有16岁，按年龄应该到自然科学院读高一。可他不愿意，便疯狂地以写诗来发泄情绪，以此表达一颗坚定的心。他的态度最终打动了老师，同意他去试试。然而没上过高中的他考试并不顺利，几轮笔试后，面试中又遇到大诗人、文学系主任何其芳。

聪明的贺敬之立即拿出赴延安路上写的组诗《跃进》，递到他敬仰的考官手上。面试中的问题他发挥得不是太好，但何其芳却从诗中看到贺敬之的潜力与诗人气质，破格录取他为鲁迅艺术文学院文学系第三期学员。与他同来的另外三名伙伴，也都如愿以偿。

幸福就这样从天而降，贺敬之站在窗前，扬起双臂呐喊：“这丰收的十月呵！”

当时的鲁艺，名家荟萃，茅盾、冼星海、艾青、何其芳、陈荒煤、齐燕铭、张庚、吕骥、周立波、王朝闻、严文井，各位大师们上课时个个文采飞扬，贺敬之如饥似渴地汲取着来之不易的营养。入学三个月，他就创作出新诗《生活》《自己的催眠》《雪花》《没有注脚——献给“鲁艺”》《十月》《我们这一天》《雪，覆盖着大地向上蒸腾的温热》等，其中《十月》发表在《大众文艺》上。当初慧眼识中他的何其芳，越发欣赏与喜欢这个爱徒。

第二年，贺敬之的诗歌更加成熟，《小兰姑娘》刊登在何其芳、周立波、严文井、陈荒煤主编的《草叶》上；《我走在早晨的大路上》发表在延安《新诗歌》上；小说《情绪》刊登在《解放日报》上。何其芳激动之余，向鲁艺副院长周扬特别推荐了贺敬之，并且在他写的《夜歌》里称赞贺敬之是“17岁的马雅可夫斯基”。

意气风发的贺敬之忍不住用诗歌来表达自己的心声：

我走在早晨的大路上，
我唱着属于这道路的歌。
光明和温暖正在这大地上开始，
这里正在开辟，正在手创。
…………

天空更蔚蓝，大地更辽阔。1942 年 5 月，一个飘着毛毛细雨的早晨，如鱼得水的贺敬之竟然见到了毛主席，并聆听了关于“大鲁艺”与“小鲁艺”的命题。醍醐灌顶的他随师生们一起走出校门，到乡间、跑田野，走进农民中间。

脍炙人口的《南泥湾》，就是这次采风过程中创作完成的，在 1943 年 3 月 15 日的三五九旅拥军大会上一炮唱响。

不满 19 岁的贺敬之，一曲成名，也为鲁艺交上一份满意的毕业答卷。紧接着，由他作词、刘炽作曲并演唱的《翻身道情》也传遍各抗日根据地。

21 岁时，贺敬之更是接手了一个新的大任务，那就是新歌剧《白毛女》的主创。创作的过程无比艰难，结果却一炮打响，不仅红遍大江南北，而且名扬海外。《白毛女》荣获 1951 年度“斯大林文学奖”二等奖，被选入“中国人民文艺丛书”，成为中国新歌剧发展史上的第一块里程碑，以独特的艺术魅力与崭新的艺术形式为新歌剧开辟出一条崭新道路。

然而他没有骄傲，更没有满足，而是深入战场，与扛枪的战士们一起冲锋陷阵，还险些受伤。这一英勇表现吓坏了在场的营长，也让贺敬之荣立了战功。

1948 年，贺敬之到华北联合大学任文艺学院戏剧队副队长兼创作组组长。1949 年初，贺敬之随部队到了北平，当选为第一次全国文代会代表，并与诗人阮章竞一起受到周总理接见。

年轻的贺敬之，光芒四射，成为众多读者的偶像。

然而那是一个只闻其文不见其人的年代。1950 年，中国青年艺术剧院想请贺敬之给他们讲《白毛女》的创作，于是派了创作组的小编剧柯岩前去。

那一年，柯岩还叫冯恺，刚刚 21 岁。她崇拜《白毛女》的作者许久，但内心一直以为他一定是一个沧桑的老头。没想到一见面，两人便碰撞出爱的火花，相识，相知，并于 1953 年 9 月领取了结婚证，开始携手人生路。

1956 年，贺敬之在时隔 11 年之后，受《中国青年报》邀请再回延安。

延安，是可以在贺敬之心中掀起壮阔波澜的地方。那些小米饭的日子呀，那个改变了他一生命运的地方啊，怎能忘！回延安，似乎是一个在外漂泊已久的孩子终于可以回到母亲的怀抱。

那个晚上，贺敬之特意喝了白酒，借着酒兴一边走一边唱，一边哭一边写。影响巨大的名作《回延安》诞生了：

心口莫要这么厉害的跳，
灰尘呀莫把我眼睛挡住了……

手抓黄土我不放，
紧紧贴在心窝上。

几回回梦里回延安，
双手搂定宝塔山。

千声万声呼唤你，
——母亲延安就在这里！

杜甫川唱来柳林铺笑，
红旗飘飘把手招。

白羊肚手巾红腰带，
亲人们迎过延河来。

满心话登时说不出来，
一头扑进亲人怀……

扑进亲人怀、感受到亲人情的贺敬之，终于找回失去多年的诗魂，诗歌创作再一次进入黄金鼎盛期。

之后，他又接连创作出《三门峡歌》《放声歌唱》《桂林山水歌》《西去列车的窗口》，以及永恒的《雷锋之歌》：

面对今天，
血管中的脉搏，
该怎样跳动？
什么是真正的幸福啊，
什么是青春的生命？
…………

快摆开

你们新的雁阵呵，
把这大写的
“人”字——
写向那
万里长空！……

贺敬之读着，王震将军大声喝彩着：好！好！好！

雷锋的名字，迅速传遍九州。雷锋精神，也因被贺敬之“诗意化”而获得了永恒的价值。

然而，生活并没有让才华横溢的贺敬之一帆风顺。他与爱人柯岩一起也经过了漫长的十年沉寂期。即便在最受磨难的日子，他也没有屈服，并义正词严地贴出《挺起腰杆干革命》的大字报，表明自己一贯对党的忠诚。

“四人帮”垮台后，诗人得到解放，不仅可以继续借助诗句放声歌唱，还出任了文化部副部长。

曾经，许多读者有过担心，中国多了一位部长，会不会失去一位优秀的诗人？然而事实证明，贺敬之从未放弃过诗歌创作，从未放弃过用诗歌为人民服务。进入新时期后，他又在诗歌上开始了新的追求，从新古体诗中开拓了新的意境，再回老家山东，登上泰山时他写下：

几番沉海底，万古立不移。
岱宗自挥毫，顶天写真诗。

贺敬之是真正的诗人，人民的诗人，他曾说：“诗人要有诗人的气质，这种气质不是遇到挫折而低头，逃避现实，郁郁寡欢，甚至一蹶不振，而是豁达与宽容，诗人的胸襟应该像大海一样宽阔、博大、浩瀚，他能经受住任何惊涛骇浪。”

柯岩：愿做一棵岩石上的小树

铁凝说，柯岩是当之无愧的时代歌者和人民作家。她用一生诚恳地诠释了文学的本质和作家的责任。

今天的许多“60后”“70后”读者，一定记得80年代在课堂上的大声嘶喊：周总理，你在哪里？

一首人人熟知、痛彻心扉的《周总理，你在哪里》，作者便是柯岩。

那时候，大多数人不知道柯岩是一位女士；更不知道，她竟是《回延安》作者贺敬之的妻子。柯岩的父亲是一名有文化的铁路工程师。鲁迅的夫人许广平是柯岩的表姑妈，因此小时候的柯岩不仅可以看到大师的书籍，身边更不缺乏读书人。后来还由于父亲工作的关系，坐着火车走南闯北，积累了丰富的生活经验。不过那时候，她既不是柯岩，也不是冯恺，而是冯成保。

多年以后，千千万万的读者，只从诗里感觉到她的伟大与真挚。她用一首诗，一句一句喊出人民的心声，喊出人们一行又一行心头泪；她用一首诗，轻易让人们找到情感的宣泄口，再一次痛快淋漓地大声喊出那个伟人的名字。高山、大地、森林、大海，课堂上的孩子们在诗中跟着她跑过天安门，跑进中南海，为的就是寻回人民心中那个可爱的、永不逝去的总理。

《周总理，你在哪里》这首诗，最早发表在《人民日报》上，那一天是 1977 年 1 月 8 日，是周总理逝世一周年。一年前，周总理突然离去的消息传来后，柯岩悲痛欲绝。

早在 1949 年，20 岁的柯岩刚刚走进中国青年艺术剧院创作组工作时，曾与周总理有过一次对话。当时总理问她青艺为什么总演外国戏？她得意地回答："艺术没有国界！"总理说："我不反对提高，但是提高必须从实际出发，必须要在普及的基础上进行。"就是总理的一番话，让她明白了艺术普及的重要性，后来欣然参加了"青年文化列车"活动。大半年的时间里，她与身边的"战友"鲁亚农、朱漪、罗正、胡辛安、陈刚、王正、于永宽、方掬芬等人一起，从南到北，边走边创作，人手不够时还亲自上台表演，一站一站把优秀的剧目送到基层。

那个时候，她与同事们创作出许多受老百姓欢迎的文艺剧目。那个时候，她的名字叫冯恺。

她也忘不了在青艺、儿艺（中国儿童艺术剧院）工作期间，周总理常跟邓大姐跑到售票口买两张票，悄悄坐进剧场看戏。看完之后还要提建议，并且到台上查看演员跳下去的地方有没有危险。

这样一位受人民群众喜爱的总理，竟然离去了。于是柯岩每天带着女儿，到天安门广场悼念。有人在花圈上写下悼念诗歌，有人低声朗诵，有人边抄写边哭泣。

柯岩多么想用手中的笔，用她爱写的诗歌"铭记这历史的疼痛"。突然有一天，她看到一位大娘手挽装祭品的竹篮，在孙儿的搀扶下不断用手拍着英雄纪念碑，一边哀哭一边念叨时，瞬间找到表达的突破口，采用哭灵的方式深情写下《周总理，你在哪里》：

我们对着高山喊：
周总理——
山谷回音：
“他刚离去，他刚离去，
革命征途千万里，
他大步前进不停息！”

我们对着大地喊：
周总理——
大地轰鸣：
“他刚离去，他刚离去，
你不见那沉甸甸的谷穗上，
还闪着他辛勤的汗滴。”
…………

创作《周总理，你在哪里》时，柯岩刚刚经历了十年漫长缄默期。而之前，却是她十年创作的“井喷”期。

1955年12月，柯岩正式放弃原来的笔名冯恺，以“柯岩”这个名字在《人民文学》上一下发表了三首儿童诗。这之前，柯岩在创作上做过许多尝试，话剧、诗歌、书评、影评，也有了不俗的成绩。但儿童诗的发表，让她找到了新的创作方向。她的这次尝试，纯属偶然。当时是丈夫贺敬之接到的创作儿童诗的任务。然而他不仅苦熬一夜也没写出几行，还感叹：“没想到写儿童诗这么难。”柯岩听了不相信：“这有什么难的，你去睡，我来。”

那个时候，柯岩虽取得了很多成绩，却常常被人私下说是得到了贺敬之的帮助。早已憋了一股劲的她调出童年的点滴往事，一口气写出九首儿童诗，让一觉醒来的贺敬之大为惊讶。发表在《人民文学》上的三首诗，就是从这九首诗中选取的。

今天的许多读者，肯定还记忆犹新。比如一首《小弟与小猫》：

我家有个小弟弟，

聪明又淘气，
每天爬高又爬低，
满头满脸都是泥。

妈妈叫他来洗澡，
装没听见他就跑，
爷爷拿镜子把他照，
他闭上眼睛咯咯地笑。
…………

1957年冬，文学评论家舒霈专门针对柯岩的三首儿童诗，在《文艺报》发表了长篇评论《情趣从何而来》，称赞“看到了青年诗人的才华与闪光”。

无心插柳的柯岩因三首儿童诗一炮打响，并调往之前一直想去而未能如愿的儿童剧院，担任创作室儿艺委员会委员。此后她一发不可收拾，在《人民文学》上连续发表了《帽子的秘密》《两个“将军”》《军医和护士》《“小兵”的故事》《爸爸的眼镜》《小红花》等一系列优秀的儿童诗，其中组诗《“小兵”的故事》还于1979年获得全国第二届儿童文学一等奖。

著名诗人臧克家说："柯岩写的儿童诗，不论在取材还是表现手法方面，都注意到了读者对象这一点。这样，孩子们喜欢读，大人看了也觉得有趣味。"她的一首儿童游戏诗《坐火车》，影响了几代人的童年：

小板凳，摆一排，
小朋友们坐上来，
这是火车跑得快，
我当司机把车开。
（轰隆隆隆，轰隆隆隆，呜！呜！）

抱洋娃娃的靠窗坐，
牵小熊的往后挪，
皮球积木都摆好，
大家坐稳就开车。
（轰隆隆隆，轰隆隆隆，呜！呜！）
…………

20世纪50至60年代，柯岩佳作频出。《“流星”》《小红马的遭遇》《娃娃店》《飞出地球去》等儿童诗与儿童剧频频见诸报端。她越来越认识到诗歌服务人民的重要性，于1956年夏末深入海淀区温泉村工读学校，用热情与爱心影响了大批少年。

柯岩的创作进入忘我状态，以至于1960年5月生儿子时，竟然忘记了预产期，还与同事们从上午开始为一个剧本讨论到下午，其间几次疼痛都忍了。最终连午饭都没顾得上吃，骑车赶到医院时，晕倒在走廊上，导致大出血。医院下达了病危通知书后，竭尽全力抢救了六个小时，才保得母子平安。

为了不落下创作任务，她在儿子出生刚刚五十六天、女儿患肝炎、母亲生病在床、丈夫下乡的困难时期，义无反顾参加了单位组织的作家深入农村活动。

诗人徐鲁曾经说过：“在整个80年代里，柯岩的一系列题画诗，是许多读者，尤其是小读者最美丽的阅读回忆之一。”

被誉为中国诗坛“黄埔军校”的青春诗会，正是柯岩于1980年7月组织创办的，第一届便培养与扶持了包括舒婷在内的一批著名诗人。她本人在此期间创作并获得“小天使”奖的《假如我当市长》，今天都很值得大力推崇：

> 假如我当市长／首先要贴出一张大大的招贤榜／看谁能让工厂产值上升又无污染／看谁能让本市比其他城市更漂亮／看谁能有城建的整体规划／不要成天拆了东墙补西墙／把马路掘得到处是洞／今天挖开，明天又补上／当然，当然／整座城市还要浓荫覆盖／空气里充满绿色的芳香／让所有美丽的鸟儿都愿到本市定居／为此，居民们也该学会不要大声喧嚷……

诗歌创作上的极大成就没有让柯岩满足，她不断寻求新的突破。1978 年她偶然接触了报告文学，并很快变得如鱼得水。刺绣专家、船长、辅导员、画家、农学家、女经理、革命家……她笔下出现一个又一个感人至深的故事，描画了一个个光辉照人的形象。一位总部首长看了柯岩的作品后称赞：“这才是人民的作家！”

全国优秀报告文学奖和“十月文学奖”“新中国六十

年优秀中短篇报告文学奖”……一系列飞来的荣誉并没有让柯岩满足。1980年，她再一次重返工读学校，并令人惊讶地创作出小说《寻找回来的世界》。1984年，该小说由著名主持人王刚演播并在中央人民广播电台播出；此后又由柯岩亲自操刀改编成12集电视剧，于1986年1月在中央电视台正式播出，被誉为“新中国的教育诗”，并在同年10月一举摘得“飞天奖”与“金鹰奖”。

光环笼罩着柯岩，然而她始终坚守一个作家该有的高度责任感与使命感，她多次说道：“我的愿望只是让我的作品像岩石上的小树一样，能为我们的人民贡献一分氧气，给我们的生活投下一片绿荫，并且让它活得比我的自然生命长一点。”

她就像一团火一样，热烈地奔跑在文学的路上，最终因为超负荷工作而病倒了，心脏病、无痛血尿、高血压、糖尿病、动脉血管瘤、腰椎错位等疾病同时缠绕着她。尽管这样，她依旧不停看书，不停写作，用手中的笔为人民歌唱、呼唤、呐喊。

1994年1月6日，柯岩因右肾坏死，第一次上了手术台。为家人留下遗书的她最终逃过一劫，活了下来。

1996年9月19日，柯岩第二次因心脏搭桥手术再上手术台，8个小时，医生为柯岩搭起3根“桥”，她再一次战胜了死神。

两次大手术，并没有让柯岩停下来，而是继续书写。她说：“崇高是我们的信念，也是我们的理想。要了解一个国家和她的未来，很重要的一个方面是看她怎样教育下一代。我最大的追求就是用崇高的理想塑造下一代！”

2006年7月，柯岩获得全球华语诗歌界的最高奖——“中国当代诗魂金奖”。2009年柯岩80岁生日时，爱人贺敬之写下《贺小柯八十华诞》：

柯生岩石上，情燃风雨中。
赤诚德才女，何幸偕同行！
赴难共肝胆，文筑独秀峰。
巍巍八十寿，夕返朝霞红。
终生植我心，不老美人松！

这棵美人松，却终究无法战胜身体的疾病，于2011年12月11日13时35分，在北京协和医院因治疗无效逝世，终年 82 岁。

“小柯，你在哪里?”爱人含泪，喊出无数读者的心声。

亿万读者跟着贺敬之的声音，循着她的文艺道路，一声声呼喊，深情款款。

嘎　日

中共党员，西藏山南人，1964 年出生，2012 年入党。国家级非物质文化遗产代表性项目藏族邦典、卡垫织造技艺代表性传承人。

■ **党员有话说**

此生只愿以我一双手，让山南的邦典长久留在藏区，走向世界。

布满山南的扎西卓玛色

她把一条雪白的哈达围上我的脖子，双手合十送我祝福，脸上是很纯的笑，像山南彼时的微风。

后来才知道她叫嘎日，是杰德秀邦典“非遗”传承人。于是我两天后走进了她的家。

刚刚过了元旦的山南，夜很冷。除了厨房，这里人家的所有房间都没有生火，更没有暖气。与嘎日一家人围炉夜话。她的小孙子很兴奋，不停地添入一根根柴，让炉火热烈地燃烧。

女儿卓嘎能讲一口流利的汉语，给我们做翻译。话题便从她父亲说起，从她家大门口挂着的“格桑围裙农民合作社”说起。

格桑是她的父亲，身体有残疾，为求生计，1998 年在当地政府鼓励下申请了5万元无息贷款，把村里贫困和无业的人员召集起来，传授编织“邦典”的古老技术。

邦典便是围裙，是藏族女性围在腰间像围裙一样的装饰品，样子也如北方妇女在灶台间系的围裙。最初也该有围裙的作用，但作为藏服上的必备饰物，邦典也成为吉祥的象征。藏语中“邦”是“怀”的意思，“典”是“垫”之意，合起来理解就是保护腰以下部位的垫子。邦典是一种横条氆氇，用五彩纯羊毛线手工编织而成，千百年来被藏族妇女系在腰间，渐渐成为高原妇女服饰上一件最显眼最特别的标志与装饰。

邦典看上去很显眼，用三条宽为18厘米、图案花纹一致的氆氇缝制而成。一般是两边两条基本对称一致，中间一条反方向。之所以用三条拼接而成，据说是因为每一条代表家中一个群体，中间一条是丈夫，右边为自己，左边是子孙后代。邦典的纹饰一般有宽条纹与细条纹两种。宽条纹大多为强烈的对比色，色彩艳丽，华美明快；细条纹以纤细的同类色组成，娴雅、温和、协调。

格桑的“邦典”梦，就从一间只有几平方米的简陋小房子里起飞了。

2002年，他又在当地政府扶持下贷款2万元，办起家庭作坊式的“格桑民族手工业工厂”，两年后又贷款30万元扩大生产规模，不到两年便收回了成本。

2006年，杰德秀邦典被列入国家非物质文化遗产名录，格桑成为唯一的传承人；2007年他再接再厉，将家庭作坊式的格桑民族手工业工厂改为企业，还创办了杰德秀藏毯厂，次年编织围裙的机器便达到20台。

越来越宽阔的邦典发展大道上，创办人格桑却过早倒下了，那是2010年底。格桑的离去不仅意味着家中失去了一个顶梁柱，也是邦典的损失。关键时刻，妻子嘎日站出来，果断挑起工厂的业务及经营管理重担，将杰德秀藏毯厂更名为山南“贡嘎县杰德秀镇格桑围裙农民合作社”。

挑起“杰德秀镇格桑围裙农民合作社”的嘎日，不负众望，于2018年5月被认定为国家级非物质文化遗产代表性项目藏族邦典、卡垫织造技艺的代表性传承人。

嘎日仅上过四年民办小学，12岁便跟着父母学习编织邦典与染色技术。十三四岁的时候，每织完十五条左右邦典，她就要专程去拉萨销售一次，有时在八廓街上自己摆地摊，有时就把邦典一并批发给康巴的坐商。

20 世纪 70 年代，一条邦典的价钱是 12 元。现在，嘎日家编织的一条上好邦典卖价为 280 元。但在贡嘎县的一家工厂，一条手工邦典的价位却高达 680 元。

一条看似简单的邦典，编织起来却流程复杂。一条好邦典首先要从选羊毛开始。羊毛来源主要是藏系绵羊，一是本地土羊“域鲁”，羊毛手感柔滑油润；二是藏北羊系“羌鲁”，特点是毛质硬，毛色亮，多用作编织卡垫、藏式羊毛被等。

编织邦典往往就要把“域鲁”和“羌鲁”两类羊毛掺和在一起，这样织出的邦典既手感平滑，又颜色透亮。

羊毛选好，要先捻成线。有的羊毛线，细到与五六根头发丝差不多。

“嘚——哒——哒——”

“嘚嘚——哒——哒——”

“嘚嘚嘚——哒——哒——”

经线、纬线、梭子、栅条、侧帮交织碰撞，在洒着阳光的明晃晃的房间里，轻快地唱歌。

杰德秀邦典至今坚持纯手工编织，颜色多达二三十种，质感纯正。而嘎日家的邦典也一直最受欢迎，一来是编织质量过硬，二是很难褪色。

2018 年 10 月，杰德秀再一次引起世人瞩目。原来，10 月 1 日以“雪域之窗，魅力贡嘎”为主题的贡嘎县七彩邦典文化旅游节开幕了，这是一场中断多年的物资交流会。

开幕式上，世界纪录认证大中华区负责人赵青太与千名贡嘎人民一同见证了一条世界上最长的邦典，这是经现场认证取得的结果，被正式认定为“世界最长七彩邦典”世界纪录。

没错，这条长度达 2018 米、宽 18 厘米的邦典，就是嘎日策划，由“格桑围裙农民合作社”织女们共同完成的作品。

一般的邦典，长度都是 13 米，是用多块拼接而成的，但拼接技术一流，肉眼几乎看不出接痕，这也是通过专业认证的最关键条件。策划并制作完成这条长度达 2018 米的邦典，是为了给 2018 年恢复的物交会献礼。嘎日说，这条邦典由 45 名工人耗时一个月完成。

在嘎日十三四岁戛然而止的物交会，时隔 40 年后再次恢复，嘎日的内心除了欣喜，还涌动着少年时期的未了梦。她用这份大礼，表达着 40 年前的那份未了情。

2018 米的邦典，恰是扎西卓玛色。

扎西卓玛，听上去分明是一个藏族女子啊，却是邦典的一款流行色。杰德秀邦典颜色除了扎西卓玛，还有玛色坚祝、德钦措吉、甲久垂、唐杰多杰等多种。

想来，这些名字，最初也便是一个个藏家女子的名字，就是她们，染制出一款款或艳丽，或清秀的色泽。

嘎日家的展示厅，能见到扎西卓玛色邦典，这款色调以红、绿、蓝为主，一眼过去很夺目。细细数下来，红色有四种，绿色与蓝色各有三种，都是由浅到深，由宽到窄，再间杂几条细细的黄与白。

当初搭配出这种颜色的女子，早已经不在人世。而今，邦典的生命力由嘎日延续。

在山南，每个女子的箱底都有几身纯手工高品质藏族服饰，有多条花色图案不同的邦典，凡遇节日都要穿。

大节日就是结婚、藏历新年、望果节、雪顿节；小节日便多到数不清，比如过生日，学生中考高考成功以及毕业等，几乎每个月都有两三次穿藏族服饰的机会。

盛大的节日中，年轻女子总是焦点，是节日中的独特风景，更是男孩子眼里的风景。因此女儿家到了那些日子，格外重视，一定会把箱底最隆重的纯手工氆氇服拿出来，逐一试穿。

一条条五彩邦典，自然也会摆出来一条条上身，一次次更换，直到满意为止。

年轻女子最终选定的颜色，多是扎西卓玛色。

黑色氆氇，五彩邦典，女子身着这样的虹霓出现在阳光下，出现在雪山前。

“霓裳羽衣飘然，桃花系扣镶边。小伙爱上了她，少女伤透了心。”

嘎日坐在阳光和煦的院中用藏语哼出这样的小曲。在歌声里，似有一位翩若仙子的藏家女子飘然而至。那霓裳般的羽衣，那令人怦然心动的桃花系扣。惊鸿一瞥，让迎面的小伙一眼难忘，以至于忘记了身后伤心的少女。

遗憾的是，今天的杰德秀除了卓嘎，几乎看不到年轻女子。她们不少离开家乡，到了没有邦典与氆氇的远方。

藏区的平日时光里，氆氇与邦典，只剩了单调的中老年色。

回身，卓嘎在身后，倚在一款邦典旁，扎西卓玛色透过斜阳映在她脸上。

卓嘎成了杰德秀唯一的亮色，唯一的年轻色，也是希望色。卓嘎正在母亲嘎日的助力下，让邦典长久留在藏区。

2016年11月，一款以西藏山南邦典为主要元素的阳光屏风亮相，设计师游鹏将镂空的屏风置于背景中，让邦典如彩虹一般覆垂下来，令人惊喜无比。人们看到，彩虹走下邦典，走进房间。

这是“西藏山南非物质文化遗产研习项目”结束后的作品。

嘎日家的展厅内，还有两双特别的藏款女鞋，颜色便是“卓嘎虹”，也是研习项目设计团队将邦典与时尚文化有机结合后的又一成果，为“卓嘎虹·鞋”系列。这种鞋子以芭蕾舞鞋为原型，是以藏靴的方头形象楦型设计的一组女鞋。

别具一格的，是将邦典的彩虹元素用于女鞋表面。

设计的灵感，就源于年轻的卓嘎。

高原的邦典落地了，与时尚，与生活都发生了关系，更与人发生了关联。这些产品，在远离高原的都市也可散发出温度与情感。

一抹卓嘎虹，正从雪域高原冉冉升起。

多年以后，卓嘎虹也许会像扎西卓玛一样，成为许多女子追踪寻觅的传说。

张利华

吴仲宏

尹奇兵

张利华、吴仲宏、尹奇兵

中共党员，湖北新洲人，分别出生于1973年、1978年、1989年，入党时间分别是2006年、2015年、2011年。他们三位，是师公、师父与学生的关系，1996年、2004年、2012年，三人先后选择走进武汉最偏远的新洲四中，并决定坚守在这块穷困的土地上，接力承担起托举乡村孩子梦想的大任。

■ 党员有话说

乡村发展在于教育，未来改变在于孩子。愿以教育助力家乡振兴，相信坚守就是最好的推动力。

三代师生接力托举乡村教育

处于大别山脚下的新洲区，风光秀丽，却是武汉最偏远、最贫困，也是经济条件最落后的地区。

创建于1956年的新洲四中，就坐落在这里。这所由百年古刹解元寺改建而成的学校，是新洲区的重点高中，招生对象主要来自新洲东半区九个乡镇。

这里的学生，全是来自大别山区乡村的孩子。

每一个走进这里的学子，都是从泥土中挣扎出来的生命。他们闪烁着一双双渴求知识的眼睛，带着惊喜与期望推开这所与外界联通的大门。可是，这所距离国际大都市武汉仅仅88公里、归属武汉市教育局管辖的高级中学，却深深裹在稻田里，一身泥巴。

也因此，来到这里的老师们，大多是一百个不情愿。只要有机会，便要去条件好的校区。

然而，总有坚守者。为了乡村教育，为了孩子，一个个有爱心、有责任感的老师留了下来，张开双臂，伸出双手，在困境中助推一个个孩子走出大山，也将“师德”二字镶嵌在这片土地上。其中，便包括“愚公接力”的三位老师张利华、吴仲宏、尹奇兵。

张利华，种子播撒堪称典范

1996 年大学毕业的张利华，走的还是分配路线。

那时候，新洲还不是区，而是属武汉市管辖的一个县。张利华的家乡，距离新洲区政府所在地约 10 公里。与当地许多孩子不同，张利华是教育世家出身，父亲在乡镇小学当了 40 年老师。尽管他的小学初中也在乡村度过，但毕竟有当教师的爸爸，学习上没遇到难过的坎。高中时，张利华考入新洲区最好的高中新洲一中，顺利走进武汉教育学院（之后被江汉大学合并）读大学。

走上教师这条路，是受父亲影响。初中时期，张利华也曾想过不读高中，直接考卫校，以后从医。但父亲并没有像许多家长一样，让儿子早早进入社会，早早拿到工资，而是多次以过来人的身份告诉儿子，不仅要读高中，还要读大学。升入高中，父亲又给他建议，希望他以后从事教育事业，将一个个孩子培养成人，教给他们知识与技能，是最有成就的事。

张利华说，他的父亲当然也有最朴素的想法，那就是认为教师职业相对安稳，受人尊重。

那是一个尊师重教氛围浓厚的年代。父亲兢兢业业，带出一代又一代乡村孩子。父亲的教学能力，在当地很有名气，乡村教学资源有限，博学多才的父亲便同时承担了音乐、语文、数学等科目的教学任务。

张利华并没有做过父亲的学生，却一路如父亲期望的一样，向着教师的目标迈进。

1996 年大学毕业后，拿到新洲四中的入职通知。那一刻，他多少还是有些意外。之前，他知道回家乡的可能性大，但没想到是条件最差的新洲四中。

尽管与老家距离不算太远，新洲四中的条件却与他就读的新洲一中无法相比。之前上学时，他就多次听说过这里的情况，但从来没有去过。

泥巴墙，土路，水井，当他第一次以老师的身份进入学校，迎接他的是这样原始的乡村画面。

那一年，与张利华一同走进新洲四中的新入职老师，一共有 12 名，其中就有之后与他走进婚姻殿堂的爱人吴鲜桃。

他们知道，当地最好的生源都进了新洲一中，因此生源也是新洲四中面临的主要问题。再加上学校简陋落后的风貌，击打着一颗颗意气风发的年轻人的心。有些人，当时就起了离开的念头。

当时的高一年级有六个班，张利华担任了其中一个班的班主任，兼物理老师。要上课了，学生们被眼前这位老师渊博的学识吸引，他则被学生们求知若渴的眼神触动。他能看懂，那眼神里的探求与期待。

很快，他发现仅仅教给孩子们知识是不够的。随着时代的发展，乡村的青壮年劳动力都外出打工了，其中就包括这些孩子的家长。孩子们大多跟爷爷奶奶生活，从小没有好的学习与生活环境，也就谈不上好的习惯。想顺利考入大学，要解决的问题非常多。

“重点问题有两个，一是生活习惯，二是学习习惯。”张利华说，高中与小学、初中不同，良好的生活与学习习惯非常重要，但这里的学生受教育水平偏低，再加上大都生活随意，更谈不上合理安排时间，晚上不早睡，早晨起不来，卫生、文明习惯不好等等，都需要像刚入学的小学生一样，从头开始，点滴纠正。

有了良好的学习习惯，教学才能顺利开展。这一点，是张利华之前没想到更没有准备的。然而他深知这比强行灌输知识更重要，也是顺利接受知识的前提，于是他一边想，一边做；一边纠正学生习惯，一边传播知识。

教学多年，张利华非常认同一位校长说过的话，不期望每个学生都考上重点学校，但希望每个孩子都有长足进步。

如果仅仅是纠正习惯，或许也不是太难，毕竟还都是未成年的孩子。但他通过观察发现，很多学生存在一些心理上的问题，具体表现就是不愿意敞开心扉，不与人沟通交流。

“一定要主动帮他们解决，不能等，一等就出问题。”尽管张利华缺乏教学经验，但他深知心理问题对一个孩子的重要性，尤其是即将走向高考的学生。因此，他把关注范围重点放在沉默不语的学生身上，而不是调皮捣乱的孩子。一旦发现，他便要尽快找一个合适时机，主动了解造成这一结果的背后原因。而大多数时候，一次两次沟通交流是不起作用的，面对老师，孩子们会自动开启防备模式。张利华只能将所有的课余时间挤出来，一点点敲开学生心门。一次不行两次，两次不行三次五次。人心都是肉长的，何况这些已经具备独立思考能力的学生们也能看到老师的真诚，知道老师是真心为他们好，心结由此慢慢打开。

一年年下来，这样的例子数不胜数，也是比教学更耗费时间与精力的事。可张利华始终认为，所谓教书育人，重点在育人，让每一名学生健康成长，比单纯掌握知识更重要。

20 世纪 90 年代末到 21 世纪初，新洲乡村的许多学生常常日日米饭配咸菜充饥。那时候，大米都是学生自己背去学校，最远的山区离学校有三十公里。每周开课前，他脑中便是学生们负重行走在崎岖山路上的画面。因此，他心疼每一个孩子。曾经有一名叫谢金娟的学生，家庭困难，姐弟三人读着读着就没了学费。又到开学季，当谢金娟忐忑地坐进教室时，却迟迟没收到学校催要学费的通知。之后才知道，是张利华老师悄悄替她垫付了学费。

旧事重提，张利华一笑：“我都不记得了，那时候有这种情况的学生很多。作为老师，我不能眼睁睁看着他们背着书包回家。”

刚到新洲四中的时候，一到下雨天就要穿上深筒胶靴到教室。买菜，要步行 2 公里；附近唯一的村级诊所，也在 2 公里之外。

如果说张利华从未有过离开的念头，也是不现实的。尤其是随着 1998 年儿子降生，每次带儿子看病都让夫妻俩疲惫不堪。大多数时候，身为班主任的张利华无法分身。当吴鲜桃独自一人在夜里抱着儿子深一脚浅一脚去诊所时，便不由得要产生离开新洲四中的想法。可是，一进教室，学生们一双双求知的眼睛便让张利华瞬间改变主意，“就算为了这些村庄的孩子以后能走出去，我也要留下来！”

儿子读初中时，张利华又遇到一次不错的机会。但再一次慎重考虑后，他还是选择留下来。

“已经十几年了，不用说学生，就是一草一木，也有了感情。”张利华坦言，“再说，到陌生环境要重新磨合重新开始，无论对自己还是学生，都不利。”

张利华说服自己，也一次次说服爱人。为了不耽误儿子，他想方设法在当时新洲区政府所在地城关买下一套房子，将父母请去照顾儿子学习，并安慰爱人：“爸当了一辈子老师，孩子交给他，放心。”

好在，儿子与他一样，在学习上是一个让人放心的孩子，从小听话，成绩也好，一路考入湖南大学，毕业后顺利参加了工作，没让张利华留下遗憾。

有一天，张利华带回一根崭新的女式钓鱼竿送给爱人，“以后到周末，咱俩就去附近村湾池塘钓鱼吧。”

吴鲜桃知道，这是张利华绞尽脑汁想出的“浪漫”，目的只有一个，让她断了离开新洲四中的念头。

一直以来，张利华抱着一种极其朴素的想法，那就是坚守在一个熟悉的地方，教书，育人。

提升一个班学生的整体成绩，靠班主任一己之力是不够的。多年来，张利华还有一项重要的工作，便是努力与其他科任老师沟通，促使师生关系融洽，提升教学效果。

可是，每个老师都有自己的个性与脾气。多年下来，张利华硬是通过自己的执着与坚韧，与各科老师间磨合出一条有效的路子。

中间的弯路，谁都能想象得到。但张利华始终保持不灰心，不埋怨。他觉得，这是对一个班主任的考验，更是一项义不容辞的使命。

功夫不负有心人。新洲四中的高考录取率，一直在稳步提升，2004年被评为武汉市示范高中。张利华说，高考成绩最辉煌的是2018年。高三全部550名考生中，达到一本线的129人，其中被985、211大学录取的有10多个人。

学校的硬件设施，也自2000年起开始逐年改善，2007年有了自来水。尽管生源依然不理想，但近几年频频受到教育局的表彰。

现在，张利华依然一周有10至12节课的重任，偶尔还有补课任务。他说，工作20多年，早已不是当初的职场“小白”，无论是精力还是业务，都不是问题。最重要的，还是如何走进学生心里，让每个孩子在高中三年过后，都得到成长。

2020年秋季开学，执教24年、担任了10多年高三物理组组长的张利华，更是接到校领导压下的新担子，那就是担任高一年级主管，并带2个班的物理课。也就是说，高一年级13个班的教学、安全工作，都由他负责。

接，还是不接？校领导给出的考虑时间是3天，张利华却当场答应下来。

当年进入新洲四中，包括他在内共有12位老师，而今只剩下 4 位。他却抱定一颗坚定的心接下新挑战，要在这个“稻田里的中学”继续锤炼自己。

吴仲宏，承上启下接力传承

1996 年，张利华进入新洲四中第一年，班上来了一位叫吴仲宏的学生。当时，张利华不会想到，这位对物理有着浓厚兴趣的男孩，在被他送进大学后，他们之间的交集还不算完。

又四年后，吴仲宏再一次站回他面前，坦言自己也想成为新洲四中的一位物理老师。张利华无比惊讶：你，完全可以有别的选择呀！

1978 年，吴仲宏出生在武汉市新洲区最偏远的山村。用他的话说，就是最普通的农村家庭，甚至不具备读书条件。他的弟弟便是很早放弃了学业外出打工。该上幼儿园的年龄，吴仲宏却替家里在山坡放牛。8 岁那年，他进入小学。

最普通农家的普通孩子吴仲宏，上学之路是孤独的，村子里，同级的孩子往往只有一个人。这样的环境下，他却憋着一股劲，学习成绩一路高歌猛进。父母都是安分守己的农民，却尊重知识，向往外面的世界。他们给吴仲宏找了一位榜样，便是村中学习成绩很好的堂哥。吴仲宏上初中那年，堂哥考入一所大专，成为村里第一个大学生。

吴仲宏记得清，那是1991年。当时，他开心且羡慕地分享着堂哥的喜悦，也暗暗给自己设下目标。

村庄的孩子，见识少。初中接触物理课后，吴仲宏发现他对这门科目尤其感兴趣，但当时或许是年龄小，知识也欠缺，许多话题不敢与老师沟通。

顺利升入新洲四中后，他遇到张利华。

“非常喜欢他。”吴仲宏说。张利华仅仅比他们大五六岁，当时也是一个大男孩，然而一站上讲台，却那么吸引人，他对知识的讲解不仅简洁、通俗、易懂，而且一手板书非常漂亮。张利华身上的学识，让吴仲宏非常着迷。当然，吴仲宏强烈的求知欲也很快让张利华看到了，便给他更多的提问与交流机会。吴仲宏说，张老师总会利用各种机会教育学生，鼓励大家努力读书，通过知识充实自己，走出大山，见识外面更大的世界。

“很多话说到我们心里。”吴仲宏说，“关系一下子就近了。”

做一名像张老师这样的人，这个念头也暗暗在吴仲宏心中浮现。

2000 年 7 月 7 日，到了吴仲宏的人生转折点。这是他高考的日子，然而一路考下来，他的自我感觉并不好。等分数的日子极其煎熬，他便干脆找到之前在建筑工地打工的同龄伙伴，跟着到了工地。他也做好充足的准备，考不上大学，就与乡村大多数年轻人一样，从工地干起。

自然，他做不到专心打工。那时候没有手机，家中也没电话，估摸分数出来的时间，他还是决定回一趟家。

打工的行李与工具，他却留在了工地。

离家越近，越忐忑。未到家，他便在地头远远看到正浇地的母亲。听到喊声，母亲回头。让吴仲宏没想到的是，母亲将手上拎着的桶往旁边一丢，拼命朝自己跑来，边跑边说着什么。快到身边时，终于听清母亲的话：考上了！考上了！

“考上了？多少分？”

“524！”这个分数，吴仲宏一听就知道有希望。但他还是有些疑惑，母亲会不会骗他？然而，眼前的母亲突然流泪了，边流泪边继续说。

吴仲宏信了。

回家的路上，母亲告诉他，得知高考成绩出来后，便骑着自行车跑到学校帮儿子看分数。她不懂怎么查，一进校门见到一位老师就急着问，没想到，被问的正好是吴仲宏的数学老师，便很顺利地查到了分数。母亲说，近二十公里山路，去的时候很慢很累，回程却是从未有过的轻快。

之前填志愿时，还不知道分数，吴仲宏只是按自己的初心首选了师范类。师范类专业中，他又首选了物理。

吴仲宏如愿进入江汉大学物理系，成为村里第一位本科生。他说，当时真是十里八村都得到消息了，很轰动。

带着十里八村的荣光与使命，吴仲宏走进大城市的好大学，在他喜爱的物理世界里畅快遨游了四年。

毕业之际，他第一时间想到家乡。但当时新洲四中并没有确定要招收老师。等待之际，他将简历投向广东阳江市一所高中，对方很快将他的相关资料要去，还让他尽快过去面试。但之后，新洲四中确定招收老师的消息传来，他又立即将简历投了过去。

曾经的母校很快有了消息，欢迎他回去面试。

内心一直倾向回新洲四中的吴仲宏，直接找到老师张利华。优秀的学生愿意回到身边，张利华自然欢喜，但他还是从综合角度替吴仲宏进行了分析。或许在张利华内心，是担心吴仲宏一时冲动，回来之后会像别的老师一样后悔。然而吴仲宏说，几年高中生活，这里的苦与条件，他最清楚。而且，在他读大学的四年间，新洲四中一直在改善条件。他想回来做一名像张利华一样的老师，他是有充分的思想准备的。

张利华不再劝他，给他传授起面试经验来。吴仲宏一路过关斩将，顺利拿到新洲四中的入职通知。

回到熟悉的校园，却是以老师的身份，吴仲宏既惊喜，又忐忑。

像当初的张利华一样，吴仲宏第一年便担任了高中班主任，兼两个班的物理老师。

初出茅庐，压力不是一般的大。

与张利华当年一样，吴仲宏很快发现，纠正学生的习惯比抓学习成绩更重要。作为乡村出来的孩子，吴仲宏非常了解这些学生，整体受教育水平低、习惯不好，抽烟、打架的“问题学生”多。尤其是高一时期，班主任的大部分精力都要耗费在纠正习惯上，成绩好的学生要教会他们生活，成绩不好的学生就要督促他们生活与学习并进。

刚开始，吴仲宏便遇到一个典型的“问题学生”，班级打架事情他几乎都要参与。那段时间，几乎每科老师都要找吴仲宏告状，皆因这位学生而起。一段时间，吴仲宏被逼得焦头烂额。

那时候好多老师都没有手机，这个学生却有。他不仅在校内闹事，还经常与社会青年搅在一起，手机常常被押在当铺。吴仲宏尽管缺乏管理经验，但对班主任工作一直有自己的想法，凡事能站在学生角度看问题，愿意换个角度想问题。

一天，他把这名学生叫到身边：“下次你要再搞什么事情，把老师带上好不好?”

学生一脸惊讶。吴仲宏继续说：“到时候咱一起商量，如果合理，我就不拦你!”

一个晚自习后，这名学生果真主动找到吴仲宏，说班上有一名同学被欺负了，他要去打抱不平。吴仲宏内心一热，效果来了：“走，先看我怎么处理。”

当着学生的面，吴仲宏以正常的途径，合理解决了问题。当然，因为对方学生错在先，吴仲宏也帮自己的学生说了话，争了理，夺回了面子。这让之前总以打架方式解决问题的学生很受触动，觉得这样的老师值得信任，从此学习态度与表现明显有了大变化。最终经过冲刺，这名学生高考分数达到三本线。大学期间，他一直与吴仲宏保持联系，甚至假期还约了别的同学一道去吴仲宏家里，向老师汇报工作与生活。他反复强调，当年如果不是吴仲宏当班主任，他肯定不会考上大学。

令吴仲宏意外的是，这名学生大学毕业后以优异的成绩通过考试，当了一名刑警。

这让吴仲宏激动又感慨，曾经的“问题学生”，竟然从事了刑事侦查工作；曾经用鲁莽的方式“行侠仗义”，今天却用正义的方式“打抱不平”。

甚至在几年后，因为谈女朋友，这名学生的爸爸专门找到吴仲宏，请他出面劝劝自己的儿子，原因就是“他听你的”。

“将心比心，定有回报。”吴仲宏因此更加坚信自己的做事原则与方法。

与老师张利华一样，吴仲宏并非从来没有想过离开新洲四中，原因也是因为孩子上学、照顾老人等家事。他的爱人在17公里外的县城工作，照顾与辅导孩子学习的事他便成了“甩手掌柜”。可是一次次机会面前，他最终都放弃了。

从新洲四中到县城，骑自行车需要一个半小时，吴仲宏骑了两年；后来换了摩托车，骑了九年；2012年，他终于买了汽车。

“条件好多了，更没有离开的想法了。”吴仲宏坦言。

2004年至今，吴仲宏也从当初满脸青涩的“小白”，成长为一名有足够资历的高中班主任。然而他却坦言，“很有压力”。

说到原因，让人恍然。原来，如他当初一样，他在新洲四中带的第一届学生尹奇兵，也在大学毕业后回到新洲四中，加入张利华、吴仲宏的阵营中。吴仲宏说，如果说之前他一直以学生身份与张利华并肩工作，那么之后他也成了老师的身份。这样一来，上要不给老师丢脸，下得给学生作出表率。何况，他们仨都教高中物理课，常常就要在一个办公室“并肩战斗”。

2018年，吴仲宏的爱人要生二胎，又逢师生三人第二次在高三相遇。当时，爱人也成了大龄产妇，家中老人年龄也大了，孩子也上关键的五年级了。吴仲宏从内心觉得怕耽误学生，便跟学校请示，暂时辞去班主任一职，也没带实验班。这一年，老师张利华依然是高三物理组组长，还带着一个实验班；学生尹奇兵也是带着实验班的班主任。一天在篮球场，一位数学老师主动向吴仲宏说起他的看法，“你是怎么搞的，要么别在高三，要么也该挑点担子!”

一句话，刺痛了吴仲宏的心。之后更听说，当时的尹奇兵同样面临爱人生孩子、家中还有身患重病的父亲要照顾的困境。

吴仲宏说，这些让他很愧疚，便主动打电话给校长，要求重回班主任岗位。

而老师张利华与学生尹奇兵，何尝不也有着这样的心理？因此更多时候，三个人是铆足了劲儿比翼齐飞。吴仲宏与张利华有着丰富的教学经验，年轻的尹奇兵在教学手段上有创意，三人常常互帮互助，彼此没有隐瞒，教学质量不断提高。

吴仲宏那一届，来到新洲四中的有 10 名老师。坚守到今天的，还剩下 3 位。

前行的力量，不在数量，而在步调一致的同行者。

尹奇兵，全速做好接棒人

1989 年出生的尹奇兵，便是让吴仲宏产生过愧疚与压力的人。

尹奇兵的家乡就在新洲，因此对于新洲四中，他是熟悉的。与老师吴仲宏一样，尹奇兵也出生在最普通的农家。父亲对他没有太高要求，只是觉得要读书，将来有一份稳定的工作。他眼里，这个儿子从小性格内向，体格也不好，打工不行，靠农活养活自己更难。或许是出于对知识的尊重，父亲对教师这一职业情有独钟，不仅仅觉得是铁饭碗，更多的也是看重站在讲台上的那份荣光。

尹奇兵兄弟四个，他是老四。大哥二哥初中毕业后便相继外出打工。三哥与他读书，也是需要借债的。懂事以来，他就知道家里每年都是入不敷出。可倔强的父亲却支持他们兄弟读书。三哥高考时还没有公费师范生政策，他考取了湖北工业大学，后供职于中铁十八局。而尹奇兵，一直盯紧了师范类院校。他说，父亲没文化，却尊重老师，一直遗憾前两个儿子没条件，三儿子又没能读师范，便把希望全部寄托在小儿子身上。他默默关注着高校招生的各种政策与动向，替小儿子做着人生规划。

尹奇兵第一年高考失利，早他一年上了大学的三哥还有贷款，父亲咬咬牙，支持他继续复读。

一年后的2008年，尹奇兵如愿以偿，考取了华中师范大学，如愿成为一名公费师范生，并选择了物理专业。

面临分配的毕业季很快到了。尹奇兵知道，公费师范生的分配原则是从哪里来，回哪里去。回到县教育局时，父辈有人脉的同学开始各显神通，陆续选了条件较好的学校。尹奇兵说，一来家里没背景，二来新洲四中在父亲眼里有着很高的地位。儿子大学期间，他对跋山涉水前来进行家访的辅导员杨可军提出的唯一要求便是：“希望能帮助他进步，争取在大学入党，毕业后回家乡教书。”

尹奇兵自己也觉得，国家培养了他，就要做到不挑不拣，以实际行动回报。

与老师吴仲宏一样，再回母校，让他既熟悉又陌生，既踏实又忐忑。他发现，之前一些熟悉的老师，在他上大学的几年时间又离开不少。但毕竟还有一些老师认识他，尤其是班主任吴仲宏在，让他觉得很有底气。

尹奇兵说，读书时，对老师这个职业并不了解，但与张利华、吴仲宏一样，他一入职便担任了班主任兼物理老师。他必须尽快转换角色，尽快成长。

然而，现实总比想象的更复杂。开始的时候，有很多不顺，用他的话说就是每天都“疲于奔命，被学生和各种琐事牵着鼻子走”。尹奇兵手忙脚乱，觉得什么事情都做不好。常常是年级组的老师打电话说到学生各种事，学生们也不断找过来反映各种事。本就内向的尹奇兵，突然之间被这些事包围，苦恼万分。一个人的时候，他会怀疑，是不是自己的能力欠缺？他遇到最麻烦的事，就是有学生在课堂上与同样年轻的科任老师叫起板来，严重影响了课堂秩序及老师的威信。

该怎么处理？尹奇兵没有贸然先质问学生，而是先找有经验的老师请教，又听从前辈的建议主动找到班干部以及其他学生详细询问事情经过。一切弄清楚后，他才找到当事学生。然而他没有居高临下地批评，而是先让学生说原因。学生自然有一肚子委屈，表达了对老师课堂上批评他的不满，以及之前对老师的积怨。

之后，尹奇兵找到当事的老师，将学生的想法告诉他，希望老师体谅。

尹奇兵说，后来他意识到，这个做法并不妥，首先不应该把学生的想法转述给老师。课堂上之所以发生不愉快，就是因为老师不认可学生。事情虽然因为老师的宽容得到较为妥善的处理，但之后想来并不是最好的结果。如果换到现在，他会主动跟学生分析课堂上顶撞老师造成的后果，会告诉学生老师也是普通人，老师也会说错话做错事。而课堂上不尊重老师，并且耽误了所有学生上课，本身就是错误。因此他会建议学生主动找老师认错，这样处理，既能挽回老师的形象，也很容易因此而让老师改变对学生的看法，从此和谐相处。而作为班主任，他会单独跟当事老师道歉，而不是向老师透露学生的看法。

这次教训之后，尹奇兵主动总结经验。之后每遇班级重组，或学生大考之后，他都会进行问卷调查，了解学生对老师及课堂的意见与建议，之后给各科老师反馈。他也会花很多时间告诉学生，因为精力有限，老师无法做到对每一个学生都细致关注，因此学生要主动适应老师。于年轻的尹奇兵而言，各科老师几乎都是他的长辈，他不能要求科任老师具体怎么做，但会真诚建议老师们，在开始接触学生时多花几分钟主动介绍一下自己的教学风格与课堂要求，畅通师生沟通渠道，彼此取得信任和理解。

尹奇兵深知，自己再努力，也可能有学生不喜欢他这个班主任。发现这种现象后，他会主动求助学生喜欢的科任老师帮忙沟通解决。

尹奇兵说，许多年轻老师也是一路受宠过来的，不愿意当班主任，就是怕受挫折。与张利华、吴仲宏两位老师的看法一样，他面临的最大问题是如何正确教育“问题学生”。尹奇兵说，每个“问题学生”的背后，肯定有一个“问题家长”。在“问题学生”面前，一些老师会放弃，然而尹奇兵却始终郑重对待。

为此，他改变了最初对学生期望太高的想法，意识到凡事需要循序渐进。偏远乡村、父母外出打工、独生子女，种种原因导致的问题在学生们身上日渐暴露。敏感，脆弱，自卑，缺乏安全感，容易逆反，都是学生身上常见的特点。大多数时候，他会结合自己当初的心理将心比心，将更多的精力放在关注学生情感与内心上，主动发现问题，主动出击，主动解决。

尹奇兵从不搞“一言堂”，就连安排座位，他也会征求学生意见，尽量让要好的同学坐在一起。冬天教室冷，学生们都不愿意坐门口，他便自己掏钱买了挡板，遮住门外的风，也温暖了学生们的心。

对于犯了错误的学生，尹奇兵尽量选择私下交流，而不是在课堂上公开批评。他知道尊严对于一个孩子的重要性。

一路走来，年轻的尹奇兵积攒了丰富的经验。他觉得班主任的能力是可以培养的，也是需要培养的。他也替中途放弃的青年教师惋惜，觉得他们放弃的其实是一条成长道路，一条育人之路。

“只有经历过，成长过，才会懂。”说到新洲四中，尹奇兵强调的总是，这是给予他成长、锻炼，以及荣誉的地方。

最年轻的尹奇兵，却常常让师公和师父佩服。2018 年，他的父亲突然被检查出脑部肿瘤。尹奇兵记得清楚，那一天是 5 月 22 日，在工地打工的父亲突然头痛被送回家。到医院一检查，发现脑部大面积积水，医院直接就上了氧气。主治医生告诉家人，父亲随时会昏迷，之后发现，问题是肺部转移过来的。

几个哥哥都远离家乡，尹奇兵便独自承担起照顾父亲的重任。

而彼时，老婆怀孕6个月，情绪也极差。

“当时感觉天塌了，没人帮我顶。”尹奇兵只能白天将父亲交给妈妈照顾，晚上忙完工作后跑回去尽一份心。爱人那里，他只能用一个个电话与短信交流与安慰，让她自己照顾好自己。

学校听说了他的事，很担心他会辞去班主任一职。

“那是临时换帅的事呀，说出来肯定炸窝了！”正带着高三毕业班的尹奇兵深知，他不仅要继续当好班主任，还不能让学生们受一点影响。因此直到毕业后，班上的学生都不知道班主任在他们的高考冲刺阶段有过那么大的牺牲。

那年高考，尹奇兵所带班级的35名学生，有29人考取了一本院校，刷新了新洲四中的多项纪录。

2019年，30岁的尹奇兵被评为“武汉市优秀青年教师”；一年后，他又入选教育部“2020年乡村优秀青年教师培养奖励计划”。

像师公张利华与师父吴仲宏当年一样，与尹奇兵一起分配到新洲四中的另外10名年轻老师，有9位先后到了条件好的城区高中。

尹奇兵说，他不走，要与坚守在新洲四中的所有老师们共同携手，共同托举乡村的孩子，帮助他们走向外面的世界。

徐本禹 中共党员，山东聊城人，1982 年出生，2002 年入党。“感动中国”2004 年度人物。中共十七大代表，“中国十大杰出青年”。

■ **党员有话说**

我愿做一滴水，当爱的阳光照射到我身上的时候，我愿毫无保留地反射给别人。

一滴水折射的光芒

1999 年 8 月，山东聊城郑家镇前景屯村的徐本禹迈出低矮的土坯房，第一次走出山东，一路奔赴他心中向往的地方——武汉。

那一年，他 17 岁。

从武昌火车站下车后，他一路辗转打听，来到位于洪山区南湖边狮子山麓的全国重点大学——华中农业大学。

“今天我以华中农业大学为荣，明天华中农业大学以我为荣。”一进校园，这幅标语醒目地出现在他眼前。他精心选择的缘分，果然让他心动。农家娃徐本禹知道，他的人生之路，就要在这所美丽而优秀的校园开启。

尽管徐本禹的父亲是村小学的一名民办老师，但是工资微薄，再加上务农的母亲体弱多病，全家生活一直处于贫困线下。

1999年夏天，前景屯村还是轰动了好长一阵子。那个炎热的季节，徐本禹成为村中第一个没有复读便考入大学的孩子。划定的分数线告诉他，陌生的外面世界，有多所大学校门向他敞开。而他了解外面世界的方式，只有一本全国高校的介绍书。抱着书，他一页页翻，一所所学校仔细看。

最终，徐本禹选中湖北，选中武汉，选中与农业相关的这所大学。

几千元学费是父母凑来的。徐本禹小心揣在身上，连同那份录取通知书。

徐本禹成为班上的生活委员，是凭借他“热爱劳动”的唯一特长。每天干完收发报纸与信件这些基本工作，他便跑去操场上捡垃圾，被同学们称为“徐大傻”。

捡垃圾其实是一种义务行为，但“徐大傻”当时确实没钱。他的生活费，除了家里支持的一些外，还要靠自己想办法。入学后，他得到学院计算机房管理员一职，课余时间还要奔波于各食堂及图书馆，谋求一份份兼职。

徐本禹成绩优异，奖学金成了他最大额度的收入。

尽管如此，他的兜里总是瘪瘪的，最少时只有 2 元钱；他饭菜里偶尔出现了肉，都是同窗好友偷偷拨给他的。

多年以后，徐本禹依然保存着一件浅红色冬衣，那是嵌在他心底永远散不去的温暖回忆。那是大学期间的一个冬天，同学胡源的父母看他衣衫单薄，将给儿子准备的冬衣给了他。

收到的每一分温暖，徐本禹总要将它们一一捂在心底深处。他发誓，今后的日子里，要用自己的方式，将这些爱一一发散出去。当他拿到一个月勤工俭学赚来的 50 元钱时，使用其中的 7 元买了瓜子送同学，又将 43 元捐给山东费县一位叫孙姗姗的同学；拿到学院替他申报得来的 400 元补助，他把 200 元捐给“保护母亲河绿色希望工程”，又把 100 元捐给在聊城师范学院读书的小学同学。他因给绿色希望工程捐款，成为湖北电视台《幸运地球村》栏目的一名嘉宾。节目结束后，主持人之一的许戈辉将装有 500 元现金的一个信封送给他。

几次拒绝未成，忐忑收下。回校后，他立即拿出 200 元捐给班上一名家庭困难的同学，又给聊城的同学及湖北沙市的孤儿许星星分别寄去 100 元。此后，他将每月 22 元助学金一分为二，2 元留作班费，20 元寄给许星星。哪怕身上仅有 10 元钱，他也要拿出来捐给陌生的骨癌患者。

贫困学生徐本禹，义无反顾踏上爱的旅程，直到不再满足用微薄的收入去援助别人，而是要亲自走出去，从武汉到贵州，从南湖边出发去大山中一个叫狗吊岩的地方。

缘起于一份《中国少年报》。2001 年 12 月的一个周六，徐本禹在做家教的学生家发现了这份报纸，上面有一篇文章说到贵州大方县猫场镇是一个只有一条土路，连水电都不通的地方。村里唯一一所小学，是在云南当兵的乡人用津贴于 1997 年建起来的。

遥远的村中，5 个年级共有 146 名学生和 3 名老师，就在那个瞬间，徐本禹热泪盈眶，热血沸腾。他当即决定利用第二年暑期去支教。他向辅导员汇报后，不仅得到了支持，学校还破例批给他 1600 元暑期社会实践经费。

2002 年 7 月 15 日，大三的徐本禹带领 3 名大二、1 名大一的学弟，向狗吊岩出发了。

到达那里时，遇上下雨，路不通。三天之后，他们才在村干部的接应下到达狗吊岩。

贫困家庭出来的徐本禹，还是被眼前的贫困状态惊呆了。若不是“为民小学”四个红色大字，他不会想到眼前这堵一人多高的墙里就是一所学校。进去，才发现里面是用墙隔开的两个“教室”，一边是一年级和四年级的复式班，一边是五年级。但因上方没有封闭的屋顶，声音便在两边随意飘来飘去。

徐本禹知道，对封闭的山中孩子来说，见识外面的世界有多重要。因此与学生见面时，他只说了一句话：“我想尽力，帮你们看看外面的世界……”

徐本禹用朴素的方式，驻入了孩子们内心。

十天社会实践时间，一晃而过。徐本禹将每一分钟都做了充分利用，上课，家访，去老师家做客，更将所有孩子的资料一一搜集齐全。

离开时，孩子们哭成一片，只有一句话：“老师，您还回来吗?”

“明年毕业后，我一定回来教你们!”那个时刻，徐本禹觉得只有这句话是对孩子们最好的抚慰。他甚至忘记了，自己还要考研，要继续深造，以谋求一份好职位。

一诺千金啊！2003 年春天，徐本禹以优异的成绩被本校农业经济管理专业硕士研究生班录取。

怎么办？一边是公费研究生，一边是没有一分钱报酬的义务支教。

面对父亲的来电，徐本禹沉默后说出实话："我不想读研了，想去贵州支教。"为了不让父亲太失落，他撒了谎，"每个月有 400 元。"

然而，他也实在无法放弃读研究生的机会，于是试着找到学校，请求为他保留两年学籍。从未有过的先例，学校却破例同意了。不仅如此，还给予了他最大的支持，资料免费打印，照片免费冲洗，延迟停水断电。

毕业前，徐本禹获得了 6000 元的国家甲等奖学金，同时学校减免了他一年的学费。他拿出 2400 元，留作给孤儿许星星的两年的生活费。除去募捐期间的花费，最终他带着剩余的 2700 元，以及母校的温暖，踏上去往狗吊岩的路。

离暑期社会实践结束约一年后的 2003 年 7 月 16 日，徐本禹又带着 7 名大学生志愿者，再次踏上去往贵州的列车。随身携带的，还有募捐来的 3000 多册图书与大量衣物。

21 小时火车、7 小时汽车的行程过后，一行 8 人到达狗吊岩。让徐本禹惊喜的是，一年时间里，学校在香港一家基金会捐助下，已经升级为两层楼，尽管依然没有水电。

一道来的7名志愿者，社会实践时间是两周。他们将山里没有的舞蹈、体操、画画知识教给孩子。过程中他们发现，孩子们的语言表达与理解能力之差出乎他们意料。吃力的教学，再加上卫生环境及饭菜差，志愿者们先后病倒，有浑身起水泡的、发烧昏迷的、患肠炎的，还有感冒的。

只有徐本禹例外。有过支教经验的他每天强迫自己，再难以下咽的饭菜，也要每顿努力吃下两碗。

两周后，7名志愿者踏上归程。徐本禹将他们送到大方县。由于没有回程车，他只能在一家旅馆住下来。吃饭时他惊喜地发现有馒头，便一口气吃了7个。没想到的是，晚上9点多却发烧了，胃里阵阵翻江倒海。

徐本禹用几片感冒药支撑着，三天后回到狗吊岩。

同行者离开了，暂时没有志愿者来了。一个人长达两年的支教生活，拉开帷幕。玉米碴，酸汤，辣椒；辣椒，酸汤，玉米碴。周而复始，顿顿老三样。徐本禹的胃，很快出了问题，常常半夜被疼醒，却找不到一片胃药。

没有报纸，没有电视，甚至没有灯。打发漫漫长夜，只有看书，一麻袋的书，一本一本，一页一页，一字一字读。思念，深深的思念在每一个夜里向他袭来。思念家人，思念同学，思念校园，甚至思念之前三餐简单的素菜。一边思念，徐本禹一边强迫自己吃。慢慢地，他习惯了玉米碴，最多时一顿吃三碗。

天一亮，徐本禹就又忘记了苦闷，开始一天充实的工作。8 小时的课程，语文、数学、英语、体育、音乐，统统都要教。每一门课程，都特别难，就连人人都该知道的雷锋，全班 40 名同学也只有 4 人听说过。一个简单的问题，徐本禹常常要重复几十遍，孩子们还是似懂非懂。

而随意旷课和辍学，更是家常便饭。每到周末，他便要挨家去动员。当年 12 月的一天，徐本禹冒着雨雪到学生何福洋家，才发现兄弟二人不上学是没有鞋穿。徐本禹赶紧从生活费中拿出 50 元，让两个孩子买了鞋上学。

一天天过去，狗吊岩的孩子们终于能听懂普通话了，上课的学生也由原来的 140 人增加到 250 多人。作业本上，不再满是错别字。一次全县数学统考，分数最高的学生竟然取得 99.5 分的好成绩。

愉快地享受孩子们的进步，却弥补不了手头的拮据。带来的 2700 元剩下 2000 元时，父亲来了一个电话，问他生活费是否够用。他以为，父亲是担心他钱不够花。习惯性地，他把2000元故意说成4000元。没想到，父亲却说给弟弟盖房子需要钱。徐本禹一愣，之后二话没说，将2000元全部寄回家。

身无分文，寒假时他只能放弃回家，返回学校，找到一份照看洗衣店的工作。春节那天，面对超市3元一斤的饺子，他徘徊良久，不舍下手。

2004年3月，得知他的情况的共青团贵州省委将徐本禹纳入“中国青年志愿者扶贫接力计划”。从此，他每月能领到500元的生活费。

就在这时，他遇到大石小学。

学校位于大方县大水乡，距离狗吊岩100多公里。当他受乡党委书记沈义勇邀请走进这里时，发现这所创办于1944年的小学只能用“破烂”二字形容，木房子，木制篮球架，木楼梯，一切都摇摇晃晃。墙体由竹棍围扎，四周透着风。

他才发现，竟然还有比狗吊岩更加需要帮助的地方。

之后，他给华中农业大学写了三封信说明情况，并提出三个请求，一是通过校团委借5000元钱，以延续资助山里孩子的计划；二是希望他回武汉后学校能再派2至3名志愿者接替他；三是希望能得到爱心企业的帮助。

收到信后，校党委书记李忠云非常重视，很快派彭光芒教授与范敬群老师来到大方县进行考察，其间，时任校长张端品也打来电话，告诉他们学校决定捐 8 万元为当地修建新校舍。

7 月份，徐本禹挥泪告别狗吊岩，转战大石小学。

7 月 11 日，一个帖子悄然出现在天涯论坛——《两所乡村小学和一个支教者》，正是彭光芒教授发在上面的。让他们没想到的是，短短几个小时，服务器便因访问量太大而堵塞。而到了 20 日，帖子在各个网站的点击量累计超百万！

不仅仅是国内，国外要求捐款捐物的邮件也纷至沓来。为此，华中农业大学一批老师与学生放弃休假，自发组建了团队，专门办理捐赠事宜，学校破例开设了“华农贵州支教基金”账户，由学校、媒体、专家共同监督管理。

事情很快发酵，时任中共贵州省委书记钱运录作出指示，要求相关部门尽快研究解决大石小学校舍问题。

很快，“华农大石希望小学”破土动工。

大水乡火了，大石小学火了。徐本禹依旧一身村民装束，走在崎岖山路上，步行到7公里外的大水乡，整理好心人捐赠的衣物。

转眼，到了2005年。春节这天，50多户老乡相继到学校，只为请他到家里吃顿饭。

2月17日，徐本禹与“杂交水稻之父”袁隆平、中国女排、“飞人”刘翔等人一道，并肩站上央视2004年“感动中国”人物颁奖盛典的大舞台。徐本禹的入选理由是，“如果年轻一代都无一己之外的理想主义和冲动激情，国家、民族便无美好未来”。

徐本禹当初绝对想不到，有一天他的头上会有万众瞩目的光环。盛典上，主持人敬一丹问及徐本禹的心愿时，他转述了2003年秋天在狗吊岩支教时，一位叫杨永的孩子在作文中写的一段话：“如果到了2008年，我一定要去一下北京，去看一看北京的平房，如果我能住一住北京的平房，那该多好呀!”

很快，徐本禹接到中央电视台栏目组的电话，告诉他可以带孩子们看看北京。

贵州的山村沸腾了。2005年5月10日，徐本禹带着30多名连汽车都很少坐的孩子，坐飞机抵达北京，走进老师嘴里的天安门广场，观看了神圣的升旗仪式，登上书本里看过的长城。

一张张满足的、兴奋的、激动的、阳光的笑脸，填充着徐本禹疲惫的身躯，抚平了内心中的孤独。

他才发现，两年的山中生活，竟然结束得很快。

2005 年 8 月 8 日上午，徐本禹像往常一样，给学生上英语课。下课铃声响起，当他下意识地要布置作业时，才突然想起，这是他最后一次站在华农大石希望小学的讲台。

想说很多，却数度哽咽。最终，只能用一声“下课!”掩饰内心复杂的情绪。身后有哭声传来，先是一个，继而成了一片。

“徐老师，请别走!”

“我们舍不得您走!”

…………

徐本禹离开了，爱心之火却星星点点，铺开在弯弯曲曲的山路上。他的志愿服务之路，也从贵州出发，向各方辐射，社区，敬老院；西部；甚至非洲……徐本禹与他的队友们，路越走越辽阔。

之后，他又20多次返回贵州，回访狗吊岩与大石小学的学生，以及接力而来的支教老师。

徐本禹的支教接力棒，未曾停止。曹建强、田庚、秦丽、周宏、丁洁、张钢仁……一棒一棒，生生不息绵延在武汉与贵州两地间。

2011年建党节那天，华中农业大学还在贵州支教所在地成立了“研究生支教党支部”。那一天，鲜红的党旗下，这些支教志愿者们神圣地举起右手，庄严宣誓，“我志愿加入中国共产党……”

这份爱，弥漫在华中农业大学校园里，也弥漫在大山中。10多年之后，徐本禹当年在狗吊岩与大石小学教过的学生不仅有不少走进大学校门，而且主动接过徐本禹们的爱心棒，回到大山深处成为支教人。

“如果眼泪是一种财富，徐本禹就是一个富有的人，在过去的一年里，他让我们泪流满面。从繁华的城市，他走进大山深处，用一个刚刚毕业大学生稚嫩的肩膀，扛住了倾颓的教室，扛住了贫穷和孤独，扛起了本来不属于他的责任。也许一个人的力量还不能让孩子眼睛铺满阳光，爱，被期待着。徐本禹点亮了火把，刺痛了我们的眼睛。”

这是当年“感动中国”组委会授予他的颁奖词。而今，那枚被点亮的火把，绵延不绝，蜿蜒在山路上，像一只只萤火虫，将大山的夜空照耀得越来越明亮。

而这火把，何尝不是当年高君宇们播下火种的延伸呢?

后 记

敲完最后一个句号，心情莫名澎湃起来。从 1921，到 2021，百年征程中，他们每一个人就像一滴水，一株草，一粒沙石。北京，山西，山东，西藏，湖北……烽火燃烧，他们敢于亮剑；灾难降临，他们勇于担当。少有人知道他们的名字，却总会在暗处看到一束束光。没错，他们就像一只只小小的萤火虫，在背离繁华的幽暗处默默发光。是无数个不起眼的他们，在危难之际奋发自救，在危急关头携手并肩，逢山开路，遇水架桥，兵来将挡，水来土掩，踏平一道道坎坷，铸就光辉的百年之路。

回望中国共产党百年历程，有泪水，有汗水；有鲜血，有牺牲；有力量，有智慧。一路筚路蓝缕，披荆斩棘，但始终不畏艰险，砥砺前行。

正如金一南所说：这支跨过万水千山的队伍，从出发那一天起就一直在演变……这种演变到今天也没有停止。新陈代谢，吐故纳新。“尔曹身与名俱灭，不废江河万古流。”队伍主体从未改变，一直在民族救亡、民族复兴的历史进程中坚守自己的时代担当。

这，便是中国共产党的韧性所在，神奇所在。

中华民族复兴之路，苦难又辉煌，光明且灿烂。

经常想，小小的我，能为脚下这片土地做些什么？经常有人问，战争远去了，历史过去了，今天的我们可以为国家做点什么？这一个一个平凡的共产党员的平凡历程，就是最好的答案。战士、教师、工人、村干部、“非遗”传承人……他们普普通通，却固守当初的誓言；一杆枪，一支笔，一把铁锹，一部织机……他们普通，却有着共产党员的韧性；他们平凡，却铭记原始的初心。

一百年奋力拼搏中，由于无数的平凡助力，有坚实的信仰推动，我们的国家在政治、经济、文化、生态、国防、科技诸方面均实现了百年前无法想象的大飞跃。上有“神舟”遨游星辰，下有“蛟龙”探秘南海；“天眼”望穿宇宙，“慧眼”霸气巡天。

当初一艘小小红船，百年劈波斩浪后，而今化身“蛟龙”号，下潜深海 7000 米，迅速成长为 “中华复兴”轮，昂首扬帆正启程。

船的负重，越来越强；船票购买者，越来越多。

众人划桨开大船。

变的是国力，不变的是初心。

远航，前方闪耀着夺目的光芒，灿烂辉煌。